Das Schwarzwälder Freilichtmuseum
Vogtsbauernhof

Eine Geschichte in Bildern

SILBERBURG

Das Schwarzwälder Freilichtmuseum Vogtsbauernhof

Eine Geschichte in Bildern

Vorwort von Landrat Frank Scherer

**Liebe Leserinnen, liebe Leser,
liebe Freunde des Freilichtmuseums,**

als eines der besucherstärksten Freilichtmuseen in ganz Deutschland behauptet das Schwarzwälder Freilichtmuseum Vogtsbauernhof seit vielen Jahren einen exponierten Platz in der Kulturlandschaft des Südwestens. Das Schwarzwaldhaus, dessen prominentester Vertreter der Vogtsbauernhof ist, zählt heute zweifelsohne zu den Ikonen unserer Tourismusregion. Die 40 000 DM, die der damalige Landkreis Wolfach in seinen Gründungshof investiert hat, dürften sich in der Zwischenzeit gerechnet haben: Von der Eröffnung des Museums im Jahr 1964 bis heute sind annähernd 18 Millionen Besucherinnen und Besucher aus aller Welt durch den Vogtsbauernhof gegangen. Das ist als Zahl eine Anerkennung einer Leistung, die über sechs Jahrzehnte hinweg mit großer Qualität und Verlässlichkeit erbracht wurde. Es ist aber auch ein Hinweis auf die großen Herausforderungen, vor denen das Museum seit jeher steht. Neben der Fähigkeit zum Erhalt historischer Originalsubstanz braucht es Sachverstand und Gefühl dafür, die musealen Inhalte authentisch und lebendig zu präsentieren. Denn seit 1964 hat sich vieles geändert: die Landschaft, der Tourismus, die Politik, die Museumsbesucherinnen und -besucher sowie die Mitarbeiterinnen und Mitarbeiter. Der Auftrag ist derselbe geblieben: herausragende Kulturdenkmale unserer ländlichen, vor allem landwirtschaftlich geprägten Lebenswelt zu erhalten und sie heutigen wie künftigen Generationen zugänglich zu machen.

Heute ist das Freilichtmuseum, das um den Vogtsbauernhof herum in den letzten sechzig Jahren aufgebaut wurde, ein wichtiger Orientierungspunkt unserer Kultur- und Tourismusregion. Es bewältigt seit vielen Jahren den Balanceakt zwischen einer traditionellen Bildungseinrichtung und einer modernen Freizeiteinrichtung. Dabei ist es nicht etwa von Anfang an für so einen komplizierten Hochseilakt gedacht gewesen: Denn das Areal, wie es sich heute präsentiert, ist nicht am Reißbrett entstanden und dann in einem Rutsch realisiert worden. Im Rückblick wird augenscheinlich, dass es in mal mehr, mal weniger großen Schritten Stück für Stück gewachsen ist. Seit bald zwei Jahrzehnten bewegt es sich wirtschaftlich dabei in Sphären, die für eine Kultureinrichtung zumindest ungewöhnlich sind. Als Eigenbetrieb des Ortenaukreises zählt das Schwarzwälder Freilichtmuseum von über 6000 Museen bundesweit zu dem ganz kleinen Prozentsatz, der in der Lage ist, sich selbst zu finanzieren. Die vom Land Baden-Württemberg und vom Ortenaukreis für große Bauprojekte gewährten Zuschüsse sind hier für die Infrastruktur der gesamten Tourismusregion bestens angelegt.

Das sind die Felder, die hier zusammenfließen: die Geschichte und die Gegenwart, die Tradition und die Moderne. Wie der Ortenaukreis, der vom spannungsreichen Zusammenspiel verschiedenster Facetten geprägt ist, lebt auch das Freilichtmuseum vom Miteinander sehr unterschiedlicher Elemente. Die mit signifikanten Bauten repräsentierten Landschaften reichen vom Hotzenwald im Süden über den Mittleren Schwarzwald bis hinüber in das Gebiet der alten Mortenau und hinauf in den Nordschwarzwald. Die Liste der Akteure spannt den Bogen vom Professor bis zum Pony. Die Speisekarten kennen das Griebenschmalz genauso wie die Pommes und das Veranstaltungsprogramm nutzt den ganzen Spielraum zwischen fundiertem Vortrag und krachendem Volksfest – wo auf der Bühne dann ebenso Platz ist für Hard Rock wie für Blasmusik. Diesen Spannungsbogen hinzubekommen, ist immer wieder ein Kunststück und als solches vielleicht sogar das schönste unter den vielen schönen Museumsobjekten.

Für die Menschen im Ortenaukreis ist der Vogtsbauernhof, wie die gesamte Einrichtung in Kurzform meist genannt wird, längst eine Institution geworden. Während er für die vielen touristischen Gäste zuallererst eine eindrückliche Begegnung mit einem sehr konzentrierten Abbild des Schwarzwalds ist, stellt er für die Einheimischen einen unverzichtbaren Teil ihrer Heimat dar. Jede und jeder verbindet mit dem Vogtsbauernhof ein eigenes Erlebnis und nicht selten eine Erinnerung an die eigene Familiengeschichte. Für mich war es ein bewegendes Ereignis, als meine Frau und ich 2011 hier geheiratet haben. Die Trauung, die vom Gutacher Bürgermeister Siegfried Eckert durchgeführt wurde, fand in der Stube des Vogtsbauernhofs statt. Für meine Frau Evgeniya und mich hätte es keinen besseren Ort geben können, um unseren gemeinsamen Weg zu beginnen.

Das Freilichtmuseum Vogtsbauernhof hat vom reinen Architekturmuseum zum ganzheitlich präsentierten Häuserensemble über 60 Jahre hinweg eine imponierende Entwicklung genommen. Am meisten beeindruckt dabei der Punkt, an dem es heute steht: Man schaut mit Staunen zurück, was sich hier getan hat, und freut sich mit Neugier darauf, was sich hier noch tun wird.

Die mit diesem Buch vorliegende Chronik macht es möglich, den Weg des Museums noch einmal Schritt für Schritt abzugehen. Wie der Wanderer, der durch die Landschaft geht, erlebt der Leser die Geschichte viel intensiver, als das auf den ersten Blick zu sehen ist. Zwischen Stolpersteinen und Meilensteinen öffnet sich immer wieder der Panoramablick auf eine Museumsgeschichte, die reich an Einblicken und Höhepunkten ist.

Allen früheren und heutigen Mitarbeiterinnen und Mitarbeitern des Freilichtmuseums sowie dem Förderverein gebühren mein Dank und meine Anerkennung für das gemeinsam Geschaffene. Ihnen sowie den Gästen und Freunden des Freilichtmuseums wünsche ich spannende, unterhaltsame und emotionale Einblicke!

Frank Scherer,
Landrat des Ortenaukreises

1964

Nachdem der Vogtsbauernhof im Jahr 1961 vom damaligen Landkreis Wolfach erworben worden war, fanden unter Aufsicht von Studienprofessor Hermann Schilli umfangreiche Restaurierungsarbeiten statt. Schilli, der ehemalige Leiter der Freiburger Zimmermannschule, hatte nach seiner Pensionierung im Jahr 1962 die ehrenamtliche Denkmalpflege für den Regierungsbezirk Südbaden übernommen. Um den Vogtsbauernhof herum wollte er nach eigener Aussage eine Rettungsinsel für die schönen alten Bauernhäuser des Schwarzwalds schaffen. Im Jahr 1963 wurde Schilli vom Kreisrat des Landkreises Wolfach offiziell zum Leiter des Freilichtmuseums in Gutach bestellt.

Im Eröffnungsjahr 1964 können außer dem Vogtsbauernhof sowie seinem ebenfalls am originalen Standort befindlichen Brenn- und Backhäusle noch weitere Gebäude der Öffentlichkeit zugänglich gemacht werden. In Oberharmersbach wurde ein alter Speicher abgebaut und neben dem Vogtsbauernhof wieder aufgerichtet. Aus dem nahen Schwärzenbach ist eine Klopfsäge geholt worden.

Außerdem wird noch im Jahr 1964 damit begonnen, eine Hausmahlmühle aus Lehengericht neu aufzubauen.

Einen offiziellen Eröffnungstermin gibt es nicht. Das Museum wird zu unregelmäßigen Zeiten und auf Anfrage für interessierte Gruppen geöffnet. In der lokalen Presse werden vereinzelt Sonderführungen angekündigt. Der Eintrittspreis beträgt 50 Pfennig für Erwachsene. Als Eintrittskarte bekommt man eine Postkarte, die vom Ehepaar Aberle und dessen Sohn, die anfangs noch in dem Haus leben, im Eingangsbereich verkauft wird. Pro verkaufter Karte erhält das Ehepaar Aberle 10 Pfennig Provision.

Der damals neuartige Begriff Freilichtmuseum braucht noch ein wenig, bis er sich durchsetzen kann. Auf Amtsebene wird noch der Begriff »Kreiseigener Denkmalshof Vogtsbauernhof« verwendet. In Gutach sprechen die Einheimischen schlicht vom »Strohdorf«. In der weiteren Umgebung wird eine Mehrzahlform gefunden, die mit einem Wort alles fasst, was in den nächsten Jahren hier aufgebaut wird: »die Vogtsbauernhöfe«.

Oben: Küche im Originalzustand.
Unten: Nachbarskinder.

Linke Seite, links: Hermann Schilli am Eingang zum Vogtsbauernhof.
Rechts: Letzte Umbauarbeiten am Gebäude.

Das Leibgedinghaus am Originalstandort.

1965

Die letzte Vogtsbäuerin Barbara Aberle (2. von rechts), rechts von ihr Marianne Hengstler, Museumsspinnerin bis heute.

Im ersten Jahr nach der Eröffnung setzt die Mannschaft um Professor Schilli deutliche Zeichen, dass es mit dem Ausbau des Museums weiter vorangehen soll. Im Mai und Juni erfolgt die Fundamentlegung für den Wiederaufbau des Leibgedinghauses, das an seinem ursprünglichen Standort etwa 150 Meter oberhalb des Vogtsbauernhofes abgebaut worden ist.

Mit dem Sachverstand Schillis und dem handwerklichen Geschick seiner Mitarbeiter kann nach Reparaturen am Mahlwerk sowie der Installation einer Pumpanlage die Hausmahlmühle erneut in Gang gesetzt werden. Im Mai klappert zum ersten Mal wieder die Mühle am rauschenden Bach. Bald danach kann auch die Klopf- und Plotzsäge funktionstüchtig gemacht werden. Noch im selben Jahr wird oberhalb des Back- und Brennhäusles mit dem Bau eines Brandweihers begonnen. Vor dem Vogtsbauernhof wird, wie dann an allen Höfen, die noch kommen, ein artenreicher Bauerngarten angelegt. Neben Sträuchern und Kletterrosen werden außerdem zwei Walnussbäume sowie ein Lindenbaum gepflanzt. Im Lauf der nächsten Jahrzehnte werden es über 70 verschiedene Baumarten sein, die auf dem Gelände gepflanzt werden.

Geregelte Öffnungszeiten gibt es 1965 zunächst immer noch nicht, dafür aber die offizielle Ankündigung, dass das Freilichtmuseum nun durchgehend geöffnet sei. Statt Postkarten gibt es neuerdings richtige Eintrittskarten und sogar eine Museumsbroschüre zu kaufen. Das Ehepaar Aberle beginnt mit Unterstützung des Sohnes und der Tochter, Besucher durch die Innenräume des Vogtsbauernhofes zu führen. Nachdem die Familie schon im letzten Herbst nach und nach ausgezogen ist, bleibt als Bewohnerin nur die letzte Vogtsbäuerin Barbara Aberle im Haus. Im Lauf des Jahres verlässt schließlich auch sie den Vogtsbauernhof. Wenig später wird die Familie offiziell auf ihr bis dahin geltendes lebenslanges Wohnrecht verzichten.

Gegen Ende des Jahres ruft Landrat Werner Ackenheil mittels eines Rundschreibens alle Bürgermeister im Landkreis Wolfach auf, Professor Schilli mit nicht mehr gebrauchtem Hausrat bei der Ausstattung der neu geplanten Gebäude im Freilichtmuseum in Gutach zu unterstützen.

1966

Mit der Umsetzung des mächtigen Hippenseppenhofs aus Furtwangen-Katzensteig beginnt die erste große Ausbauphase des Museums. Das von Schilli aufgrund seines Alters als »Heidenhaus« bezeichnete Gebäude macht die Absicht des Museums zum ersten Mal sehr deutlich: Mit der Möglichkeit zur vergleichenden Betrachtung soll ein tieferes Verständnis der unterschiedlichen Haustypen im Schwarzwald geschaffen werden. Für diese Idee wie insgesamt für seine Verdienste bekommt Museumsgründer Hermann Schilli 1966 das Bundesverdienstkreuz Erster Klasse verliehen.

Auf dem inzwischen auf fast 70 Ar erweiterten Gelände gibt es indes ganz andere Probleme zu lösen. Für alle Gebäude müssen Blitzschutzanlagen installiert und Anschlüsse an die Trinkwasserversorgung gelegt werden. Außerdem werden Feuerlöscher angeschafft und im Zugangsbereich an der Brücke neue Parkplätze geschaffen. Schließlich muss im personellen Bereich die Frage geklärt werden, wer nach dem Auszug der Familie Aberle nun Eintrittsgelder kassieren, Führungen machen und die Gebäude instand halten soll. Eine entsprechende Stelle wird ausgeschrieben und mit dem Zimmermann Christian Wöhrle aus Gutach besetzt. Mit diesem ersten hauptamtlichen Museumsbetreuer können endgültig auch die Öffnungszeiten des Museums fest geregelt werden.

Feierlicher Höhepunkt des Jahres ist das Richtfest des Hippenseppenhofs, das im Oktober im großen Stil begangen wird. Das »Gasthaus Hirschen«, das die Bewirtung übernimmt, stellt ein paar Tage später Folgendes in Rechnung: 33 Schnitzel, 105 Glas Bier, 75 Viertele Wein, 1 Tafel Schokolade, 2 Tassen Kaffee, 2 Zigaretten und 45 Zigarren. Die Gesamtrechnung beläuft sich auf 336 Deutsche Mark und 75 Pfennig.

Oben links: Verleihung des
Bundesverdienstkreuzes an Hermann Schilli.
Oben rechts: Vesperpause am Hippenseppenhof.
Unten rechts: Umsetzung des Hippenseppenhofes.
Unten links: Wiederaufbau des Dachstuhls.

Hippenseppenhof und Hofkapelle.

1967

Mit der Umsetzung der Hofkapelle aus dem Jostal erhält der Hippenseppenhof sein erstes Nebengebäude. Für die Besucher ist damit ein bauliches Zeugnis dafür gesetzt, wie tief die bäuerliche Bevölkerung einstmals im Glauben verwurzelt war. Dass man jedoch auch mit Kapelle nicht vor Naturgewalten gefeit ist, zeigt ein mächtiger Sturm, der das Dach der Klopf- und Plotzsäge vollkommen zerstört, so dass es mit heimischem Roggenstroh neu eingedeckt werden muss.

Mittlerweile wird auf dem Gelände der 100 000. Besucher erwartet. Der ungeahnte Erfolg bringt Veränderungen, mit denen man zu Beginn noch gar nicht gerechnet hat. Abfallkörbe müssen aufgestellt werden, zudem Wegweiser und Rauchverbotsschilder. Zwischen der Bundesstraße und dem Bahnübergang zum Museumsareal siedeln sich die ersten gastronomischen Betriebe und Andenkenläden an. Entlang der Bundesstraße werden für eine bessere Sichtbarkeit alle Bäume und Hecken entfernt. Zum ersten Mal wird das Museum ausgeschildert. Der Schwarzwaldverein, Ortsgruppe Hausach, drängt darauf, für die einheimischen Wanderfreunde wie auch für den Fremdenverkehr einen Gehweg von Hausach zum Freilichtmuseum einzurichten.

Aufgrund der inzwischen gestiegenen Personalkosten müssen die Eintrittspreise für Erwachsene auf 1 DM pro Person erhöht werden. Für eine entsprechende Hinweistafel stellt Schilli beim Landratsamt den Antrag, alle zu sehenden Häuser aufzulisten. »Und zwar aus psychologischen Gründen: Die Leser der Tafel sollen gleich wissen, was ihnen für ihr Geld geboten wird.«

Hinter den Kulissen wird bereits am weiteren Ausbau gearbeitet. Das Landratsamt prüft weiteren Bodenkauf für die mögliche Versetzung eines Gebäudes vom Schauinsland sowie eines aus dem Hotzenwald. Außerdem herrscht Einigkeit, dass längst ein richtiges Kassenhaus gebraucht wird.

Oben: Hofkapelle und Hochschwarzwälder Speicher.
Mitte: Inneres der Hofkapelle.
Unten: Inneneinrichtung des Hochschwarzwälder Speichers.

1968

Mit der Hanfreibe aus Steinach sowie einem Bienenfreiständer aus dem Prechtal erhalten die Museumsbauten im Jahr 1968 weitere zukunftsweisende Ergänzungen. Einem weiteren Gebäude ist dagegen nur eine kurze Aufenthaltszeit im Museum beschieden: Das langersehnte (470 DM teure) Kassenhäuschen ist 1,20 Meter breit, 1,00 Meter lang, 2,00 Meter hoch – und praktisch bei seiner Errichtung im Juli schon zu klein. Man erwägt ein großes Portiersgebäude, denn nicht zuletzt liegen an der Museumskasse große Stapel des ersten Museumsführers zum Verkauf bereit. Die von Hermann Schilli verfasste Broschüre erscheint, wie sämtliche ihrer Nachfolger, neben Deutsch auch in Englisch und Französisch.

Durch die Asphaltierung des Weges von der Bundesstraße zum Museum verspricht man sich einen vermehrten Fremdenverkehr. Auf den man sich auch einstellt: Für

Bollenhutmädchen auf dem Gelände.

Hanfreibe mit Pudelstein.

den täglichen Ablauf sowie für die Gebäudepflege und die sich häufenden Führungen werden mehrere Aushilfen und Reinemachefrauen angestellt. Nach dem Tod von Christian Wöhrle wird dringend ein neuer Museumsbetreuer gesucht, der neben Fleiß und Geschick auch großes Wissen um traditionelle Handwerkstechniken mitbringt. Schließlich ist es der Gutacher Berthold Breithaupt, dem diese Aufgabe übertragen wird – und der sie über Jahrzehnte hinweg dann meisterhaft ausübt.

Das Jahr 1968 stellt zudem noch andere Weichen: Sonntags gehen erstmals Trachtenträgerinnen mit dem roten Bollenhut auf dem Gelände spazieren. Und im Stall des Hippenseppenhofs ist zum ersten Mal eine Sonderausstellung zu sehen: Die Künstlervereinigung des Kreises Wolfach stellt ihre Werke aus und soll damit auch über Jahre hinaus eine Heimat im Museum haben.

1969

Nach einer Winterpause, die wieder von reger Bautätigkeit geprägt war, startet die Museumssaison mit der Eröffnung eines Pförtnerhauses. Im Erdgeschoss ist neben dem Kassenraum eine öffentliche Toilette mit Münzautomat und im Obergeschoss eine Wohnung für den Museumsverwalter eingerichtet worden.

Mit der Umsetzung des Hochschwarzwälder Speichers aus Schollach ist die Anlage um den Hippenseppenhof komplett. Beim Umsetzen des Gebäudes löst sich das Rätsel, warum die Innenmaße nicht mit den äußeren Abmessungen übereinstimmen: In der doppelt gezimmerten Rückwand ist eine schmale Geheimkammer verborgen.

Auf der Gästeliste versammelt sich im Jahr 1969 viel Prominenz: Der in München stattfindende Imker-Kongress APIMONDIA unternimmt mit Teilnehmern aus aller Welt eine Exkursion zum Vogtsbauernhof. Außerdem stattet der baden-württembergische Ministerpräsident Hans Filbinger dem Museum seinen Besuch ab. Nicht ganz auf das Gelände, aber immerhin in die Nachbarschaft kommt der Außenminister und spätere Bundeskanzler Willy Brandt, der am Rande einer Wahlkampfveranstaltung im »Landgasthof zum Museum« einkehrt.

Der gestiegene Besucherzuspruch bedarf neuer Maßnahmen: An der Bundesstraße wird der Parkplatz weiter ausgebaut. Der Museumsverwalter bekommt im handwerklichen Bereich Verstärkung durch zwei zusätzliche Mitarbeiter. Schließlich ist die Zeit der Mittagspause endgültig vorbei: Das Museum ist jetzt durchgängig von 8.30 Uhr bis 18.00 Uhr geöffnet. Am Ende der Saison werden zum ersten Mal über 100 000 Besucher gezählt.

Willy Brandt zu Besuch im Landgasthof zum Museum.
Linke Seite: Neues Eingangs- und Pförtnergebäude.

1970

Mit der Umsetzung der Hochgangsäge aus Urach kann der Bestand an technischen Einrichtungen im Museum weiter erhöht werden. Anhand der neuen Sägemühle ist es den Besuchern nun im direkten Vergleich mit der Klopf- und Plotzsäge am Vogtsbauernhof möglich, den Fortschritt in der Sägetechnik nachzuvollziehen.

Als Höhepunkt der Saison wird das 400-jährige Bestehen des Vogtsbauernhofes gefeiert – ein wenig verfrüht, wie sich Jahre später herausstellen soll. Nach einer dendrochronologischen Untersuchung muss das Erbauungsjahr korrigiert werden. Es gilt nun nicht mehr das von Schilli angenommene Jahr 1570, sondern das wissenschaftlich ermittelte Datum 1612, das dann entsprechend erst im Jahr 2012 gefeiert werden kann.

Neben kleineren Änderungen bei den Eintrittspreisen und den Öffnungszeiten stellt das Museum 1970 den Vertrieb von Ansichtskarten ein. Zumindest vorübergehend will man das Geschäft vollständig den vor dem Museum angesiedelten Andenkenläden überlassen.

Die Hochgangsäge aus Urach. Sie war bis kurz vor der Umsetzung in Betrieb und ist im Museum bis heute funktionsfähig.

1971

Die Weichenstellung für eines der ganz großen Museumsprojekte: In Oberwolfach wird Anfang Mai mit dem Abbau des 1608 errichteten Lorenzenhofs begonnen. Die Abbruch- und Wiederaufbauarbeiten liegen in den bewährten Händen der Gutacher Firmen Jakob Schneider und Friedrich Kaspar.

Die Arbeiten am Lorenzenhof binden die Kräfte für 1971 weitgehend, sodass man sich beim weiteren Ausbau des Museums auf kleinere Maßnahmen im Bereich Brandschutz, Lagerhaltung und Abwasser beschränken muss. Zeit und Geld bleiben jedoch für immerhin eine Neuerung, die für die Museumsmitarbeiter wie für die Besucher bis heute von größter Wichtigkeit ist: Der Hippenseppenhof bekommt einen Dachreiter mit Glocke, mit der seither jede Saison ein- und ausgeläutet wird. Als diese Glocke am Ende der Saison 1971 zum ersten Mal läutet, hat sich die schon im Vorjahr überraschend gute Besucherzahl mit nun über 200 000 auf nahezu das Doppelte erhöht.

Balken für Balken: Wiederaufbau des Lorenzenhofes aus Oberwolfach.

1972

Ein Meilenstein: Der 1608 in Oberwolfach erbaute Lorenzenhof wird nach aufwendigem Ab- und Wiederaufbau pünktlich zum Saisonstart eröffnet. Der imposante Bau, der von Schilli als mustergültiger Vertreter des Kinzigtäler Haustyps klassifiziert wurde, präsentiert sich mit zwei ökonomischen Nebengebäuden: einem Backhäuschen, das nach historischem Vorbild aufgemauert wurde, sowie einem großen Speichergebäude, das im Hauserbachtal in Einzelteile zerlegt worden ist und noch bis zum Herbst wieder komplett in Gutach aufgebaut werden kann.

Das Innere des Lorenzenhofs ist nach intensiver Sammeltätigkeit wieder so eingerichtet, wie es ähnlich auch zu einem früheren Zeitpunkt seiner Geschichte einmal ausgesehen haben dürfte. Im Obergeschoss sind zwei Kammern ausgespart, um Platz für Dauerausstellungen zu einstmals bedeutenden Schwarzwälder Traditionen zu gewinnen: dem Bergwerkswesen, der Glasbläserei und der Flößerei. Zur Veranschaulichung der früher wichtigen Köhlerei wird (am damaligen Museumsrand) zwischen Hippenseppenhof und Pförtnerhaus das großformatige Modell eines Kohlenmeilers errichtet und mit einem ausladenden Schutzdach gegen Witterungseinflüsse geschützt.

Zur Erhöhung der Sicherheit der Museumsbesucher wird am Bahnübergang vor dem Pförtnerhaus eine Blinklichtanlage mit zwei vom Zug aus gesteuerten Halbschranken in Betrieb genommen. Über 300 000 Jahresbesucher, so viel wie noch nie, gelangen damit so sicher wie noch nie auf das Museumsgelände. In zahlreichen Pressemitteilungen wird das Schwarzwälder Freilichtmuseum landauf, landab endgültig als einer der führenden touristischen Anziehungspunkte des Schwarzwalds gefeiert.

Von oben: Dachdeckerarbeiten am Lorenzenhof; Dachboden; Stube; Küche im Lorenzenhof.

Oben: Der Lorenzenhof mit Backhütte.

Schlafkammer im Lorenzenhof.

Nachbau eines Kohlenmeilers.

1973

Mit Beginn des Jahres 1973 ist der Landkreis Wolfach Geschichte. Bis auf einzelne Dörfer im Osten gehen sämtliche Gemeinden in den neu gegründeten Ortenaukreis über. Im Zug der Kreisreform werden die ehemaligen Landkreise Kehl (ohne die nördlichen Gemeinden), Lahr, Offenburg, Wolfach und Bühl (ohne den nördlichen Teil) zum flächenmäßig größten Landkreis in Baden-Württemberg zusammengefasst. Erster Landrat des neuen Kreises wird für beinahe 20 Jahre der gebürtige Oberkircher Gerhard Gamber (verstorben 2008). Für das Schwarzwälder Freilichtmuseum Vogtsbauernhof ändert sich mit der Kreisreform auch die Trägerschaft. Das Museum ist nun eine Einrichtung des Ortenaukreises.

Für das Museumsteam vor Ort zählt 1973 in erster Linie die Sicherheit für Bestand und Besucher. Um die Museumswege vor allem für Kinder und ältere Menschen gefahrloser zu gestalten, wird am nördlichen Rand des Areals eine Umgehungsstraße für die Anlieger gebaut, die mit ihren Autos bis dahin quer durch das Museumsgelände fahren mussten. Nach erfolgtem Straßenbau wird um das Gelände herum erstmals ein Zaun errichtet (damalige Gesamtlänge: 900 Meter). Die einzelnen Museumsgebäude sind somit nach außen deutlich sichtbar als eine Einheit zusammengefasst. Das neue Sicherheitsdenken hat einen unmittelbaren, traurigen Anlass: Bei einem nächtlichen Einbruch ist eine erhebliche Menge an Objekten gestohlen worden – unter anderem Uhren, Spinnräder, Tabakpfeifen und ein Gewehr. Unter dem Strich vielleicht keine großen materiellen Werte, aber eben wie fast alle Museumsstücke ideell von unschätzbarem Wert.

Linke Seite oben: Alle großen Museumshöfe auf einen Blick. Oberhalb des Vogtsbauernhofes in der Bildmitte ist noch der alte Zimmerbauernhof (heute Hermann-Schilli-Haus) zu sehen.

Unten von links: Das Museum von oben, im Vordergrund das alte Empfangsgebäude mit dem Mitarbeiterparkplatz; Lorenzenhof mit Kinzigtäler Speicher; Landgasthof zum Museum.

1974

Die Umsetzung der Ölmühle aus Bickelsberg bei Bahlingen ist im baulichen Bereich der Höhepunkt des Museumsjahres 1974. Unter dem Dach der Ölmühle wird nach historischem Vorbild auch eine Schmiedewerkstatt eingerichtet, die das Museum von Ottenhöfen nach Gutach holen kann. Das Stroh, mit dem das Gebäude zunächst gedeckt ist, wird erst in späteren Jahren durch feuerfeste Ziegel ersetzt.

Im zehnten Jahr seines Bestehens sieht sich das Museum vor Herausforderungen, an die man zu Beginn noch gar nicht denken konnte. Schilli ist vor der Museumseröffnung in seinen Einschätzungen von 5000 bis 10 000 Besuchern pro Jahr ausgegangen. Nun hat man mit der Jahresmarke bereits die Zahl von 300 000 Besuchern überschritten. Zur Sicherung der historischen Originalsubstanz bedarf es dringend einer verbesserten Infrastruktur: mehr Werkzeug, mehr Personal, mehr Parkfläche, mehr Toilettenanlagen. Aber wie viel mehr? Die gesellschaftliche Entwicklung deutet Mitte der 1970er-Jahre darauf hin, dass die Tourismusströme auf längere Zeit hin nicht abreißen werden. Allgemein vollzieht sich endgültig der Wandel von der einstigen Agrargesellschaft zur modernen Industrienation. Nicht nur Nostalgiker beklagen den Verlust der alten Hofanlagen und Dorfstrukturen. Eine rege Bautätigkeit verändert die Landschaft so rasant wie tiefgreifend und nicht mehr rückbaubar. Die Menschen verreisen so oft und viel wie noch nie – und finden im Freilichtmuseum das, was sie gerade am Verschwinden wähnen: die schönen, stolzen Bauernhäuser aus der vermeintlich guten alten Zeit, in der das Leben noch nicht so von Hektik und Technik durchdrungen war.

Unter dem Dach der Ölmühle:
die Hammerschmiede.

1975

Nach den großen Projekten der ersten Aufbauphase geht es darum, die großen Bauten durch einzelne kleinere Objekte zu ergänzen. So wird 1975 mit traditionellem Wissen der Bähofen gebaut, um zu verdeutlichen, wie man einstmals die Wieden für den Bau der großen Flöße geschmeidig bekommen hat. Tatsächlich mussten die Wieden, um wie ein Seil eingesetzt werden zu können, im Ofen erhitzt werden. Wie sie am fertigen Floß dann aussehen, kann man ab 1975 am großen Floßmodell unter der Hocheinfahrt des Lorenzenhofs sehen. Das unter Anleitung des Gengenbacher Zimmermeisters Arnold Fehrenbacher gebaute Modell wird beim großen Umzug des Kreistrachtenfestes in Kirnbach auf Rädern durch den Ort gefahren und anschließend dem Museum übergeben.

Im Bereich der Veröffentlichungen ist es nach elf Jahren Zeit für einen ersten Bildband des Museums. Die von Hermann Schilli herausgegebene Bildauswahl dokumentiert, wie sich der Vogtsbauernhof in nur einem Jahrzehnt vom Einzelhof zum Museumsgelände entwickelt hat.

Die Besucherströme verlangen mittlerweile nach Maßnahmen, die weit über die eigentliche Museumsarbeit hinausgehen. Auf der Bundesstraße muss eine Verzögerungs- und Abbiegespur zum Parkplatz des Museums eingerichtet werden. Die Wählerbrücke, die vom Parkplatz zu den gastronomischen Betrieben vor dem Museum führt, braucht statische Verstärkung und bauliche Erweiterung. In der Verantwortung um Museumsgut und -gelände werden erstmals schriftlich Verhaltensregeln für Schulklassen ausgegeben. Am Ende der Saison weist die Bilanz zum ersten Mal über 400 000 Besucher aus.

Die ausgebaute Wählerbrücke.

1976

Hoher Besuch: Der Bundesminister für Wirtschaft, Hans Friderichs, besucht das Schwarzwälder Freilichtmuseum. Der seinerzeit stellvertretende Bundesvorsitzende der FDP gehörte sowohl dem Kabinett von Willy Brandt als dann auch der Regierungsmannschaft von Helmut Schmidt an.

Hohe Auszeichnung: Museumsdirektor Hermann Schilli wird zum Ehrenbürger der Gemeinde Gutach ernannt. Der 1896 in Offenburg geborene Baufachmann und Heimatforscher wird damit vor allem für seine Verdienste um das Schwarzwälder Freilichtmuseum Vogtsbauernhof geehrt, das es ohne ihn zweifelsfrei nicht geben würde.

Hohe Erwartungen: Ob es Beispiele wie der Vogtsbauernhof waren oder ob der Museumstyp Freilichtmuseum allgemein genau der richtige Ort für die gesellschaftliche Stimmung war – die 1970er-Jahre erleben eine regelrechte Gründungswelle an Freilichtmuseen, insbesondere das Jahr 1976. Im oberschwäbischen Wolfegg wird ein weiteres baden-württembergisches Freilichtmuseum gegründet. In Bad Windsheim erfolgt die Gründung des Fränkischen Freilandmuseums des Bezirks Mittelfranken. Im Bezirk Oberbayern wird die Eröffnung des Freilichtmuseums an der Glentleiten gefeiert. Im Emser Moorland beginnt man mit dem Aufbau eines Freilicht-Moormuseums und in Hessen steht man nach zweijähriger Sammeltätigkeit unmittelbar vor der Eröffnung des zentralen Freilichtmuseums für das Land Hessen. Die Besucherzahlen des Vogtsbauernhofes werden von keinem dieser Museen erreicht.

Im ersten Jahr nach seinem Erscheinen wird der erste Bildband des Museums zum Verkaufsschlager.

1977

Nachdem das Freilichtmuseum längst als Motiv und Kulisse für Werbeaufnahmen attraktiv ist, wird es im Jahr 1977 auch für den Film entdeckt. Der WDR dreht auf dem Gelände für eine Folge von »Lemmi und die Schmöker« einzelne Szenen des Märchenfilms »Das kalte Herz«. Außerdem nimmt der Sender Freies Berlin im Museum eine Folge der Reihe »Acht Jahrzehnte im Leben einer Frau« auf. Spätere Anfragen für Filmaufnahmen werden von der Museumsleitung meist abgelehnt, da man das Museum, anders als von den Filmteams gewünscht, nicht für die Besucher sperren will.

Stichwort Besucher: Mit dem Tourismusboom und einer allgemeinen Nostalgiewelle im Rücken überschreitet das Schwarzwälder Freilichtmuseum Vogtsbauernhof zum ersten Mal die 500 000er-Marke. Schon die Generation der damaligen Museumsmitarbeiter ahnt, dass die unglaublichen Zahlen von 1977 außerordentliche Ergebnisse darstellen. Als ab Mitte der 1980er-Jahre die Besucherzahlen wieder auf ein für Museen erwartbares Maß zurückgehen, blickt man in der Statistik auf Zahlen zurück, von denen man weiß, dass sie nie mehr zu erreichen sein werden.

Die von Saison zu Saison zunehmenden Besucherströme binden das Museumsteam auch 1977 vor allem an die Bewältigung des Tagesgeschäfts. Die Erweiterung im baulichen Bereich stockt, die Vergrößerung des Parkplatzes steht an und außerdem gibt es im Bereich der Geländesicherung einiges nachzuholen. Um für den Brandfall gewappnet zu sein, führen die Feuerwehren der Gemeinden Hornberg, Hausach, Wolfach und Gutach zum ersten Mal eine gemeinsame Feuerlöschübung auf dem Museumsgelände durch.

Bei einem Blick über den Museumszaun kann man sich 1977 über den Zusammenschluss der musealen Nachbarschaft freuen. Die bis dato bestehenden Freilichtmuseen in Baden-Württemberg formieren sich zu einer Arbeitsgemeinschaft.

Die Schwarzwaldfamilie Seitz kommt ins Fernsehen.
Rechte Seite: In diesen Jahren werden immer wieder Schwarzwald-Filme im Museum gedreht.

1978

Die Archivbestände des Museums sind für das Jahr 1978 auffallend dünn bis annähernd leer. Gibt es das? Ein Jahr, in dem nichts war? Gibt es natürlich nicht. Das Jahr 1978 ist für die Entwicklung der Freilichtmuseen in Baden-Württemberg von großer Bedeutung. In Oberschwaben wird das Bauernhausmuseum Wolfegg eröffnet. In der Nähe von Schwäbisch Hall steht das schon länger im Aufbau befindliche Hohenloher Freilandmuseum Wackershofen ein Jahr vor seiner angekündigten Eröffnung. Es zeichnet sich damit ab, dass ein zentrales Freilichtmuseum für Baden-Württemberg, wie es von der Landesregierung eigentlich vorgesehen war, nicht mehr realisiert werden wird. Die regionalen Gründungen präsentieren die herausragenden Bauernhäuser ihrer jeweiligen Landschaft, sodass sich allein schon die Frage stellt, ob sich für ein zentrales Freilichtmuseum überhaupt noch bedeutende Baudenkmäler würden finden lassen.

Postkarten vom Freilichtmuseum.

Richtfest am Hotzenwaldhaus.

1979

Nach intensiven Vorbereitungen kann im Untergeschoss des Lorenzenhofs das »Waldmuseum« als Teil des Schwarzwälder Freilichtmuseums Vogtsbauernhof eröffnet werden. Für die Gestaltung und Textarbeit der Ausstellung zeichnet die Landesforstverwaltung Baden-Württemberg verantwortlich. Die Dokumentation der Geschichte und Bedeutung des Waldes ist eine der ersten ihrer Art. Die Waldausstellung im Lorenzenhof gibt über die Region hinaus einen Impuls, sich mit dem Lebensraum Wald auseinanderzusetzen. Das Thema ist hochaktuell, denn 1979 fluten die ersten Reportagen vom dramatischen Waldsterben durch die Medien.

Nach Jahren ohne Erweiterungen im Hausbestand drängt das Schwarzwälder Freilichtmuseum Vogtsbauernhof auf eine weitere Ausbauphase. Zwei Häuser, die Museumsdirektor Hermann Schilli als idealtypisch für die Landschaften im Hotzenwald und auf dem Schauinsland eingestuft hat, sollen noch auf das Gelände versetzt werden. Doch anders als in den vorherigen Fällen verlaufen die Verhandlungen mit den jeweiligen Besitzern äußerst schwierig und stocken schließlich ganz. Ungeduldig geworden und mit mittlerweile 84 Jahren auch nicht mehr im Vollbesitz seiner Kräfte, erteilt Schilli Aufträge zum Nachbau der beiden Gebäude.

Unten: Aufbau des Hotzenwaldhauses.

1980

Mit dem Hotzenwaldhaus beginnt das neue Jahrzehnt. Das neu eröffnete Gebäude hat zwar einige originale Ausstattungsstücke aus der alten Grafschaft Hauenstein, weist aber ansonsten keine Originalsubstanz auf. Das Gebäude, das Schilli als typische Bauform des Hotzenwalds präsentiert, ist eine Rekonstruktion nach dem Vorbild des Klausenhofs von Großherrischwand. Als regionaltypische Besonderheit zeigt der Bau einen Holzkern, der von einem gemauerten Flur, einem sogenannten »Schild«, der als Wärmepuffer dient, beinahe komplett umlaufen wird.

Während sich im Schwarzwald zu dieser Zeit schon längst niemand mehr an Überlegungen zu einem zentralen Freilichtmuseum für Baden-Württemberg beteiligt, wird 1980 doch noch einmal die Forderung nach einer solchen Einrichtung laut. Es formiert sich eine hochrangige Expertenrunde, die sich zum medienwirksamen Austausch am dafür vermutlich passendsten aller Orte trifft: in der Stube des Vogtsbauernhofes in Gutach. Moderiert von SWF-Redakteur Karl-Heinz Darweger sendet das SWF-Fernsehen zu bester Sendezeit zwei Stunden lang live aus Gutach. Die namhafte Expertenrunde: Hermann Bausin-

ger, der Direktor des Ludwig-Uhland-Instituts in Tübingen, Volker Himmelein, der Direktor des Badischen Landesmuseums in Karlsruhe, Martin Blümcke, Präsident des Schwäbischen Heimatbundes, Manfred Konnes, landesweit bekannter Kulturpolitiker und Bürgermeister der oberschwäbischen Gemeinde Wolfegg. Wer fehlt? Richtig: Hermann Schilli. Der Hausherr bleibt dem Treffen ohne Angabe von Gründen fern. So oder so bewirkt die noch einmal entfachte Diskussion aber keine Wende. Es bleibt bei dem eingeschlagenen Weg einer dezentralen Lösung mit mehreren regionalen Freilichtmuseen.

Unberührt von allen Diskussionen zeigt sich Gutach nicht nur mit dem Hotzenwaldhaus in reger Bautätigkeit. Ein Zwinger für die Wachhunde wird gebaut und der benachbarte alte Zimmerbauernhof abgebrochen. An seiner Stelle entsteht, nahezu identisch im Erscheinungsbild, ein multifunktionales Schwarzwaldhaus mit Tagungsraum, Archiv, Museumswerkstatt und Sammlungsdepot.

Am Ende der Saison steht die Rekordbesucherzahl von 543 488 Besuchern: ein über alle Maßen erstaunliches Ergebnis, das nie wieder erreicht – und vernünftigerweise auch nie wieder angestrebt wird.

Linke Seite:
Neubau des Zimmerbauernhofs, heute Hermann-Schilli-Haus.

Rechts: Rekordzahlen durch kaum zu bewältigenden Besucherandrang – über eine halbe Million Menschen besuchen im Lauf des Jahres das Museum.

Das Schauinslandhaus im Werden.

1981

Das nach Vorbild des Reeshanselhofs in Hofsgrund rekonstruierte Schauinslandhaus ist das letzte Gebäude im Freilichtmuseum, dessen Fertigstellung der Museumsgründer und langjährige Direktor Hermann Schilli noch erleben darf. Mit dem Schauinslandhaus sieht er seinen Traum von einem Museum, das die verschiedenen Schwarzwaldhäuser im direkten Vergleich zueinander zeigt, erfüllt. Die wichtigsten der idealtypischen Baulandschaften, in die Schilli den Schwarzwald unterteilt hat, sind nun jeweils mit einem herausragenden Gebäude vertreten. Das Richtfest des Schauinslandhauses wird am 29. Juni 1981 gefeiert. In illustrer Runde und bei prächtiger Laune verkündet Schilli, dass er nun endgültig keine Häuser mehr auf seiner Wunschliste habe, wenngleich er auch noch sehr gern ein Gebäude aus dem Dreisamtal im Museum gesehen hätte. Nur wenige Wochen später, am 28. August 1981, stirbt Hermann Schilli im Alter von 85 Jahren in Freiburg.

Aufbau des Schauinslandhauses. Oben: Richtfest am Schauinslandhaus mit Martin Hesselbacher, Denkmalamt Freiburg (links im Bild).

1982

Das Schauinslandhaus wird feierlich der Öffentlichkeit übergeben. Für die Besucher gibt es damit einen Haustyp zu besichtigen, der mit der Unterbringung des Brunnenschopfes unter dem Hausdach eine ganz eigene, im Museum bis dahin noch nicht zu sehende Konstruktion aufweist. Aus museumsdidaktischer Sicht hat das Museum alle Darstellungsprinzipien verwirklicht, die für ein Freilichtmuseum möglich sind: das originale, in situ, also am Standort belassene Haus (Vogtsbauernhof), das translozierte, also von andernorts versetzte Haus (Hippenseppenhof, Lorenzenhof) und das rekonstruierte Gebäude (Hotzenwaldhaus, Schauinslandhaus).

Dass ein Gebäude nie für immer in ein und demselben Zustand eingefroren werden kann, sondern zu seiner Erhaltung ständig auch restaurativ gepflegt werden muss, wird 1982 sehr augenfällig, als der Vogtsbauernhof nicht wie gewohnt über Jahre in Etappen, sondern auf einen Rutsch komplett neu eingedeckt werden muss.

Zum ersten Mal wird 1982 auf verschiedenen Ebenen diskutiert, dass ein Architekturmuseum, als welches das Freilichtmuseum von Anfang an gedacht war, von sich aus wenig Lebendigkeit vermittelt. Von Amtsseite her werden die ersten Überlegungen laut, den Museumsbereich auch für Vorführungen und Veranstaltungen zu nutzen. Ein ganz neuer Gedanke.

Das Schauinslandhaus im Jahr nach seiner Fertigstellung.

1983

Zum neuen Museumsdirektor wird Dieter Kauß, bis dahin Museumsdirektor in Göppingen, berufen. Unter der neuen Amtsbezeichnung »Wissenschaftlicher Leiter« setzt Kauß, der auch die Funktion des Kreisarchivars im Ortenaukreis übernimmt, andere Schwerpunkte als sein Vorgänger. Der Religionshistoriker und Theologe betreibt vor allem die Erforschung der Haus- und Bewohnergeschichten. Für die Lebensbedingungen und Einzelschicksale in den Museumshäusern hatte sich bis dahin niemand in Gutach interessiert.

Nachdem das Jahr zuvor ein Geräteführer für die Besucher vorgelegt werden konnte, erscheint in diesem Jahr auch ein viersprachiger Museumsführer und überdies das »Gutacher Museumsblatt«, das in den kommenden Jahren noch in loser Folge mit aktuellen Informationen aus dem Museum aufwartet. Im Zug dieser neu begonnenen Öffentlichkeitsarbeit ist das Museum auch erstmalig auf der Oberrhein-Messe in Offenburg vertreten. Die Fachgruppe Museen im Historischen Verein für Mittelbaden diskutiert im Vogtsbauernhof zum ersten Mal öffentlich, ob und wie sich Museen als außerschulische Lernorte professionell aufstellen könnten.

In die Reihe prominenter Besucher gesellt sich 1983 der Schlagersänger Heino für Werbeaufnahmen. In einer bundesweit systematisch erstellten Statistik wird das Schwarzwälder Freilichtmuseum Vogtsbauernhof mit knapp 480 000 Besuchern als das meistbesuchte Freilichtmuseum in Deutschland geführt. In der Gesamtliste aller Museen in Deutschland erscheint man im Kreis der ganz großen Ausstellungshäuser auf dem stolzen Platz 11.

Werbeaufnahmen mit dem Schlagerduo Heino und Hannelore.

Unten: Museumsleiter Dieter Kauß.

Linke Seite: Besuch von Fußballnationaltorhüter Toni Schumacher.

1984

Im Rückblick wird das Jahr 1984 zum Wendepunkt hin zum lebendigen Museum. Am Weg zum Vogtsbauernhof werden Schaufelder mit alten Getreidesorten angelegt, vor den großen Hofgebäuden artenreiche Bauerngärten angepflanzt. Erstmals wird ein Veranstaltungsprogramm angeboten. Es kündigt an: zwei Vorträge und ein dreitägiges Seminar zum Bauernleben früher.

Der ehemalige Stallraum des Hotzenwaldhauses wird als Raum für Sonderausstellungen eingerichtet und gleich im ersten Jahr für vier solche Ausstellungen genutzt. Die erste davon ist eine umfangreiche Dokumentation, die aus gegebenem Anlass einen schönen Titel trägt: »20 Jahre Vogtsbauernhof-Museum«. Als hochrangiger Gratulant erscheint der baden-württembergische Minister für Wissenschaft und Kunst, Helmut Engler.

Anlage der Schaufelder.

Aus der Zusammenarbeit mit Vertretern der Gewerkschaft Erziehung und Wissenschaft (GEW) ergeben sich 1984 die ersten Ansätze zur pädagogischen Entwicklung des Schwarzwälder Freilichtmuseums. Ein erstes Konzept zur Erstellung geeigneter Lernmaterialien für Schulklassen wird erarbeitet. Auch die Kooperation mit den anderen Freilichtmuseen in Baden-Württemberg nimmt Konturen an, als sich zum ersten Mal die Leiter aller bisher bestehenden Einrichtungen zum Gedankenaustausch in Gutach treffen.

Inzwischen besteht die Museumsbelegschaft aus einem festen Team mit wissenschaftlichem Leiter sowie sieben ständigen Mitarbeitern, darunter außer dem Museumsverwalter Berthold Breithaupt weitere Zimmerleuten und Schreiner. Den Sommer über arbeiten mittlerweile rund 20 Studenten im Museum. Sie sind neben der Geländepflege hauptsächlich mit Führungen betraut. Eine Museumsführung ist damals noch nach einem einheitlichen Schema aufgebaut und nicht nach Themen oder Besuchergruppen differenziert. An guten Tagen kann ein fleißiger Student somit in die Verlegenheit geraten, zehnmal den gleichen Text aufsagen zu müssen.

1985

Das Pförtner- und Kassenhaus ist nach wenigen Jahren seines Bestehens schon wieder zu klein. Es wird um ein Sozialgebäude erweitert, in dem neben einem Sanitäts- und Wickelraum sowie einem Behinderten-WC auch ein Aufenthaltsraum für Museumsbedienstete untergebracht ist. Außerdem weist dieser Neubau erstmals ein eigenes Büro für den Museumsverwalter auf. Der wissenschaftliche Leiter verfügt zu dieser Zeit über kein Büro im Museumsbereich. Dieter Kauß hat sein Dienstzimmer in Offenburg und verbringt seine Dienststunden wenn nicht auf dem Gelände, dann im Archivraum des neu errichteten Zimmerbauernhofs.

Die Handwerker des Museums beweisen 1985 ihr herausragendes Geschick durch den Bau eines neuen Wasserrades für die Klopf- und Plotzsäge. Hilfe vom Dachdecker braucht es schließlich aber doch bei der nötigen Neueindeckung des Hippenseppenhofs.

Zur lange überfälligen Informationsvermittlung für die Museumsbesucher erfolgen in diesem Jahr die Außenbeschriftung der Gebäude sowie die Beschilderung des Kräutergartens. Für manche vielleicht noch spannender: Die Sonderausstellung des Jahres widmet sich dem in Baden heißgeliebten Cego-Spiel.

Museumsmitarbeiter Herbert Blum beim Restaurieren der Bauteile für die Klopf- und Plotzsäge.

Anbau eines Sozialgebäudes an das Kassenhaus.

Links: Der italienische Botschafter Luigi Vittorio Ferraris (Mitte) mit Dieter Kauß (links) bei einem Rundgang durch das Museum.

Internationale Forstfachleute besuchen
die erweiterte Waldausstellung.

1986

Mit der Hanfdarre aus Hinter-Lehengericht findet 1986 gegenüber der Hanfreibe ein weiteres Element zur Darstellung der Hanfverarbeitung im Schwarzwald seinen Platz. Aus dem Hotzenwald wird als Kleindenkmal ein steinernes Flurkreuz geholt und neben dem Hotzenwaldhaus aufgestellt.

Unter dem Titel »Nachmittage im Museum« startet eine Reihe von »Spezialführungen«, in denen beim Rundgang durch das Museum verschiedene Themen erörtert werden. Solche von den Museumsmitarbeitern geleiteten Führungen gibt es in den ersten Jahren dreimal pro Saison.

Ein gemeinsamer Prospekt mit den Museen in Gengenbach, Haslach und Wolfach erscheint unter dem Titel »Sehenswürdigkeiten des Kinzigtals im Schwarzwald«. Außer neuen Informationstafeln und dem Großteil eines neuen Museumsführers schreibt Dieter Kauß einen Ausstellungstext zum 90. Geburtstag seines Vorgängers Hermann Schilli. Dass er nun andere Schwerpunkte legt, demonstriert er mit Sonderausstellungen von alten Ansichtskarten und religiösem Wandschmuck.

Immer wieder gegen den Zahn der Zeit: Dachdeckerarbeiten am Hippenseppenhof.

Die Probleme im Eingangsbereich werden drängender.

1987

Die Museumspädagogik – bis dahin den meisten Zeitgenossen noch ein Fremdwort – nimmt 1987 an Fahrt auf. Die Zahl der Sonderführungen wird erhöht und in Zusammenarbeit mit Lehrern entsteht die erste pädagogische Handreichung für einen Museumsrundgang. In Kooperation mit dem Berufsverband der Zimmerleute wird zudem eine Dokumentation zum Zimmererhandwerk präsentiert.

Helmut Engler, ehemaliger Rektor der Albert-Ludwig-Universität Freiburg und nun Minister für Wissenschaft und Kunst in Baden-Württemberg, trifft sich im Museum zu ökologischen Fragen mit Museumsleitern aus der ganzen Ortenau. Das Fachgremium kommt zu der Beurteilung, dass sich das Museumsgelände in Gutach nicht zuletzt durch die erfolgte Anpflanzung von hochstämmigen Obstbaumsorten allmählich auch zu einem vorbildlichen Landschaftsgarten entwickelt.

Auf die drängende Frage, was die Besucher in Zukunft vom Museum erwarten, erhofft man sich erstmals Antworten durch eine Besucherumfrage. Mit der Durchführung wird das Institut für Soziologie der Universität Karlsruhe beauftragt.

Gefahrenherd Bahnübergang.

1988

Das pädagogische Angebot des Museums wagt 1988 erste Wege, die man bis dahin noch nicht gegangen ist. Es gibt einen Vortrag über Bauern in Thailand, eine Fortbildung für Lehrer und einen Obstbaumschnittkurs für interessierte Freizeitgärtner.

Knapp 1000 Arbeitsstunden müssen die Museumshandwerker dafür aufwenden, ohne Planskizzen und Aufzeichnungen, allein mit Geschick und Erfahrung das Getriebe der Hausmahlmühle zu erneuern.

An der Museumskasse darf sich der acht-millionste Besucher seit Museumsgründung über einen Blumenstrauß und einen Präsentkorb freuen.

Beste Glückwünsche darf man nach Neuhausen ob Eck schicken, wo ein weiteres Freilichtmuseum in Baden-Württemberg eröffnet wird.

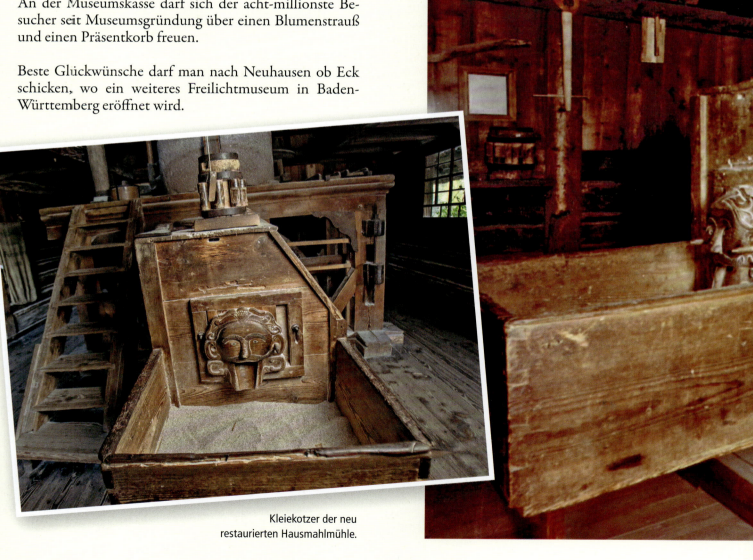

Kleiekotzer der neu restaurierten Hausmahlmühle.

53

Oben: Eiszapfen am Kinzigtäler Speicher.

Rechts: Feld vorm Vogtsbauernhof.

1989

Die Saison 1989 zählt zu den Jahren der kleinen und feinen Ergänzungen. Der Lorenzenhof bekommt ein steinernes Milchhäuschen aus Nordrach und das »Waldmuseum« eine kleine Begleitbroschüre aus eigenem Haus.

Auf der Tourismusmesse CMT in Stuttgart präsentiert sich das Schwarzwälder Freilichtmuseum Vogtsbauernhof zum ersten Mal mit einem Stand, an dem auch Handwerksvorführungen zu sehen sind. Zur Feierstunde anlässlich des 25-jährigen Jubiläums wird ebenfalls erstmalig »bauernnahes Handwerk« demonstriert. Auch ein neuer Gedanke: dass Handwerkerinnen und Handwerker auf dem Gelände ihr Handwerk vorführen.

In den Sonderausstellungen des Jahres begegnet das Museumspublikum zwei großen Namen aus dem Schwarzwälder Künstlerkreis: dem Maler Paul Falk und dem Fotografen Alwin Tölle.

Oben: Verschont von einer ungewöhnlichen Sturmserie: das Museumsgelände im Winter 1989, hier das Milchhäuschen am Lorenzenhof.

Links: Teich an der Ölmühle.

1990

Im Nachhinein ein richtig gutes Gartenjahr: Im Jahr 1990 kann vor dem Zimmerbauernhof ein großer, dreiteiliger Kräutergarten und vor dem Lorenzenhof nach alten Vorbildern eine neue Anlage des Haus- und Hofgartens geschaffen werden. Und wenn über Gärten geredet wird, ist das ein untrügliches Zeichen, dass das Geschehen sonst überschaubar war – wobei nicht die beiden Sonderausstellungen vergessen werden sollen, die sich in diesem Jahr mit der Modernisierung von alten Bauernhäusern und mit der altehrwürdigen Zeller Keramik beschäftigen.

Neuanlage des Lorenzenhofgartens. Rechts: Anlage des Kräuergartens.

1991

Mussten die Besucher auf dem Weg vom Parkplatz zum Museum bislang – und nicht immer gefahrlos – die Bahngleise überqueren, kann 1991 mit Baubeginn einer Bahnunterführung die Grundlage für einen sicheren Museumszugang geschaffen werden.

Bei der Geländegestaltung wird der Wellerbach auf einer Länge von 150 Metern renaturiert und der Brandweiher für besseren Hochwasserschutz sowie für einen besseren Antrieb der Mühlen vergrößert. In dokumentarischen Rückblicken widmet sich das Museum neben den alten Mühlen des Schwarzwalds auch der Geschichte der Gemeinde Oberwolfach.

Für den pädagogischen Bereich kann eine hauptamtliche Stelle geschaffen werden. Erste Museumspädagogin des Schwarzwälder Freilichtmuseums Vogtsbauernhof wird Inge Jockers. Im von ihr konzipierten Bildungsprogramm des Museums gibt es erstmals »Nachmittage für Kinder und Senioren« sowie Sonderführungen zu Holzbau, Pflanzen und Gärten oder auch zu Glaube und Aberglaube im Schwarzwald. Die Arbeiten von Jockers, insbesondere die Interviews, die sie mit zahllosen Zeitzeugen führt, werden über Jahre hinaus die dokumentarische Grundlage für die verschiedenen Vermittlungswege des Museums sein.

Der Wellerbach wird naturnah umgestaltet.

1992

Wieder ein Jahr für zusätzliche Feinheiten: Die Hochgangsäge erhält ein neues Wasserrad, der Vogtsbauernhof einen neuen Brunnen mit Brunnenhäuschen, und die Schaufelder erhalten zwei weitere Parzellen, auf denen mit Einkorn und Emmer zwei der ältesten Kulturpflanzen Europas angebaut werden.

Wenigstens sinnbildlich dürfen endlich auch mal Kerzen angezündet werden: Erstmals wird ein Kindergeburtstag im Museum gefeiert. Auch neu: ein literarischer Museumsrundgang, der Zitate von Autoren wie Johann Peter Hebel und Heinrich Hansjakob zu Gehör bringt.

Und nebenbei zieht das Museum im Jahr 1992 in die kulinarischen Seiten der Rekordbücher ein: Im Rahmen eines Museumsfestes können sich die Besucher ihr Stück von der größten Schwarzwälder Kirschtorte der Welt sichern. Ohne Kerzen, versteht sich.

Tagung der Arbeitsgemeinschaft Freilichtmuseen in Baden-Württemberg:
Dr. Kurt Diemer, Kürnbach, Landrat Peter Schneider, Biberach, Dr. Hans-Ulrich Roller, Stuttgart, Albrecht Bedal, Schwäbisch Hall, Dr. Dieter Kauß, Gutach, Dr. Eduard Neuffer, Stuttgart (v. l.).

1993

Mit Fertigstellung der Fußgängerunterführung gehört der alte Bahnübergang der Vergangenheit an. Eine langjährige und oft sorgenvoll betrachtete Gefahrenstelle ist damit endlich beseitigt. Die laufende Statistik weist 1993 die stolze Zahl von zehn Millionen Besuchern seit Museumsgründung aus. In die Freude über die Bahnunterführung darf sich also auch ganz berechtigt ein Aufatmen mischen: Auf dem Weg zum Museum haben zehn Millionen Fußgänger allesamt heil und unfallfrei die Gleise der Schwarzwaldbahn überquert.

Eine dendrochronologische Bestimmung für Vogtsbauernhof, Hippenseppenhof und Lorenzenhof legt, wissenschaftlich bestätigt, endlich das exakte Baujahr der Höfe fest. Die Schätzungen von Hermann Schilli erweisen sich dabei zwar als verblüffend genau, aber in Teilen eben doch nicht ganz richtig.

Für alle bis dahin bestehenden Gebäude auf dem Gelände wird 1993 durch Architekt Bernhard Wussler aus Biberach erstmals eine Baubestandsaufnahme erstellt. Es wird offensichtlich, dass frühere Museumsbauten tatsächlich gar nicht so exakt nach Plan, sondern vielmehr mit Gefühl und Erfahrung erstellt worden sind.

Und wie es in einem Freilichtmuseum eben gehen kann: Ein Hagelschlag verursacht starke Schäden an den Stroh- und Schindeldächern sowie an den Außenwänden der Häuser. Der erst in den vorigen Jahren angelegte Kräutergarten wird nahezu völlig zerstört.

Bauarbeiten an der Bahnunterführung und feierliche Inbetriebnahme.

Die Bahnunterführung wird eröffnet.

1994

Im Jahr 1994 kann das Schwarzwälder Freilichtmuseum Vogtsbauernhof sein 30-jähriges Bestehen feiern. Zur Feierstunde am 19. Juni, über die einen Tag später auch das SWF-Fernsehen berichtet, wird dem Anlass entsprechend eine Festschrift veröffentlicht. In seiner Begrüßungsrede kann Landrat Günter Fehringer eine große Schar von Gästen begrüßen, darunter seinen Vorgänger als Landrat, Gerhard Gamber, den Landtagsabgeordneten Helmut Rau, Ministerialdirektorin Susanne Weber-Mosdorf als Vertreterin der Landesregierung, den Präsidenten des Museumsverbands Baden-Württemberg, Karl-Heinz Rueß sowie viele andere und nicht zuletzt Wilfried Schilli, einen Sohn des verstorbenen Museumsgründers Hermann Schilli. In seinen ausführlichen Dank an alle unterstützenden Ministerien, Ämter, Institutionen, Medien, Kollegen und Nachbarn schließt Fehringer ausdrücklich den Dank an die Mitarbeiter des Museums mit ein.

Im Ausstellungsraum des Hotzenwaldhauses zeigt das Museum im Jubiläumsjahr in etwas mehr als sieben Monaten vier Sonderausstellungen. Zwischen Ende der einen und Beginn der nächsten liegt dabei meist nur eine Woche.

Festgäste aus der Politik: Ministerialdirektorin Susanne Weber-Mosdorf, Helmut Rau MdL, Landrat i. R. Gerhard Gamber, Landrat Günter Fehringer, Landrat i. R. Werner Ackenheil (v. l.).

Rechte Seite links: Jubiläumsfest 30 Jahre Schwarzwälder Freilichtmuseum Vogtsbauernhof.
Rechts: Geladene Gäste beim Jubiläumsfest.

Schneflervorführung am Handwerkertag:
Holzerzeugnisse werden hergestellt.

Wagnermeister Hermann Haas.

1995

Wie immer und überall nach anstrengenden Jubiläumsjahren schaltet das Schwarzwälder Freilichtmuseum Vogtsbauernhof 1995 in seinen Aktionen ein paar Gänge zurück. Mit immerhin zwei Sonderausstellungen und einer erhöhten Anzahl an Handwerkertagen ist man aber immer noch gut dabei.

Im Landkreis Esslingen wird 1995 das Freilichtmuseum Beuren und damit das siebte und letzte regionale Freilichtmuseum in Baden-Württemberg eröffnet. In Arbeitsgesprächen und bei gegenseitigen Besuchen sind sich die jeweiligen Museumsleitungen schnell einig, dass man allein schon der großen Entfernungen wegen keine Konkurrenz, sondern Arbeitskollegen füreinander sein will. Im vergleichenden Blick auf die Besucherzahlen der Kollegen wird für Gutach deutlich, dass man, auch in einer touristisch begünstigten Landschaft, viele Jahre weit über dem erwartbaren Maß gelegen hat.

1996

Eine neue Zeitrechnung beginnt 1996 mit der Umwandlung des Schwarzwälder Freilichtmuseums Vogtsbauernhof in einen Eigenbetrieb des Ortenaukreises. Mit dem amtlichen Auftrag, sich eigenständig zu finanzieren und die Kosten für den laufenden Betrieb selbst zu erwirtschaften, wird eine Reihe von Maßnahmen für ein noch besseres Besucherangebot getroffen.

Neben der Intensivierung des Rahmenprogramms durch mehr Handwerkertage und zusätzliche Kinderprogramme bieten ab diesem Jahr auch Landfrauen der Region eine Verköstigung nach heimischen Rezepten und mit regionalen Produkten an. Außerdem werden erstmals Spielgeräte für die jüngsten Museumsbesucher aufgestellt und zur Verlebendigung des Museums auch Tiere hereingeholt. Als erste Museumstiere ziehen ein: ein Mutterschaf mit Jungen, eine Ziege mit Nachwuchs, acht Hühner und zwei Enten.

Zu neuen Maßnahmen im Marketing-Bereich zählen neben der verstärkten Zusammenarbeit mit Busunternehmen und Reiseveranstaltern vor allem auch Werbeauftritte im Hörfunk. Auf dem neuen Logo, das in Auftrag gegeben wird, erscheint neben den fünf großen Haupthöfen des Museums ein Gebäude, das sich zum Zeitpunkt noch ganz woanders befindet: Es ist der Falkenhof aus Buchenbach-Wagensteig, dessen Umsetzung erst für Beginn des kommenden Jahres geplant ist.

Dem ersten Haus des Museums wird vonseiten der Deutschen Post eine ganz besondere Ehre zuteil. In der neu herausgegebenen Briefmarkenserie »Für die Wohlfahrt: Bauernhäuser in Deutschland« ziert der Vogtsbauernhof die Marke mit dem Wert 100 + 50 Pfennig.

Einen öffentlichen Preis gibt es zudem für die 1992 eingeführte Mülltrennung, mit der die Restmüllmenge um die Hälfte reduziert werden kann. Allerdings macht es Schwierigkeiten, den ausländischen Gästen das Prinzip nahezubringen. Im Zug einer Wegesanierung wird die Asphaltdecke auf der ehemaligen Zufahrtsstraße zum Vogtsbauernhof entfernt und diese somit wieder ihrem früheren Aussehen angeglichen. Zu Ehren des 100. Geburtstags des Museumsgründers wird der »Zimmerbauernhof« in »Hermann-Schilli-Haus« umbenannt.

Sonderbriefmarke der Deutschen Post und das neue Logo.

Links: Programm für Schulklassen mit Museumspädagogin Inge Jockers.

1997

Mit großen Schritten geht die Umsetzung des 1737 in Buchenbach-Wagensteig erbauten Falkenhofs voran. In Sonderführungen und mit Baustellenbesichtigungen können die Besucher den Wiederaufbau unmittelbar mitverfolgen.

Im Schatten des großen Bauprojektes geht ein wenig unter, dass mit dem Bau des ersten Museumskiosks ein neuer und bald unverzichtbarer Service für die Besucher geschaffen worden ist. Mit den getätigten Investitionen steigt der ansonsten immer nur gering erhöhte Eintrittspreis nun deutlich höher: auf 7 DM für Erwachsene an. Dazu wird erstmals eine Gebühr für Gruppenführungen sowie auch speziell für Schulklassen erhoben.

Im Rahmen des museumspädagogischen Angebots wird die von Inge Jockers verfasste Broschüre »Viehhaltung im Schwarzwald« vorgestellt. Für Gartenfreunde interessant ist die Publikation »Der Heilkräutergarten«, die Jockers gemeinsam mit Christian Breithaupt, dem Sohn des Museumsverwalters Berthold Breithaupt, schreibt.

Der erste Museumskiosk.

1998

Die erforderlichen Arbeiten am Falkenhof binden die Anstrengungen des Museums in fast allen anderen Bereichen. Allein im Veranstaltungsbereich lassen sich mit nun regelmäßigen Mühlenvorführungen und zusätzlichen Führungen für Einzelbesucher sowie einem Kultursommer mit Kleinkunstaufführungen wegweisende Marken setzen. Im Pädagogikbereich werden nun zehn Programme für Schulklassen sowie entsprechende Broschüren unter dem Titel »Museumserkundungen« vorgestellt.

Einen künftig noch professionelleren Marketingbereich verspricht man sich durch die Schaffung einer entsprechenden Stelle. Erste Marketingreferentin des Museums wird Ingrid Noe.

Aufbau des Falkenhofs.

1999

Nach 18 Jahren kann das Schwarzwälder Freilichtmuseum Vogtsbauernhof zum ersten Mal wieder die Eröffnung eines großen Hofgebäudes feiern. Die Translozierung des Falkenhofes aus Buchenbach-Wagensteig ist nach insgesamt fast vier Jahren abgeschlossen. Auf Kostenseite stehen unter dem Strich 4,4 Millionen DM. Mit dem Falkenhof ziehen erstmals auch Vorder- und Hinterwälder Rinder sowie Deutsche Landschweine ins Museum ein. Der Falkenhof ist für diesen Zweck mit einem modernen Stall ausgestattet worden, der den aktuellen Tierschutzbestimmungen entspricht.

Auf dem Gelände gibt es ab 1999 ein neues Besucherleitsystem und eine neue Museumsbeschilderung sowie zu jedem Gebäude drehbare Tafeln mit dreisprachigen Informationen zu Baujahr, Herkunftsort und ursprünglicher Nutzung des Hauses. Ihre Premiere im Museum feiern 1999 außerdem: die Familientageskarte, die Saisonkarte, die Führungen mit Vesper, die Hausschlachtung im Oktober und nicht zuletzt die von Schwarzwaldgemeinden präsentierten Musik- und Brauchtumsvorführungen.

Eine wesentliche und sehr zukunftsfähige Neuerung des Jahres ist die Vergabe von Führungen an freiberufliche Mitarbeiter mit pädagogischem Geschick und im Idealfall auch mit guten Fremdsprachenkenntnissen. Die auf Honorarbasis arbeitenden pädagogischen Kräfte helfen sehr dabei, speziell die thematischen Führungen für Schulklassen auf ein hohes Niveau zu bringen.

Neben so vielen Neuerungen gilt es außerdem, den Hippenseppenhof nicht zu vergessen, der 1599 errichtet wurde, weshalb sein 400-jähriges Bestehen zu feiern ist. Beim entsprechend groß ausfallenden Jubiläumsfest gibt es für drei glückliche Museumsbesucher eine Ballonfahrt zu gewinnen.

Der neu errichtete Falkenhof.

2000

Mit der Eröffnung des »Stübles« im Vogtsbauernhof geht das Museum in das neue Jahrtausend. Der Raum, der immer noch so aussieht, wie ihn die letzten Bewohner im Jahr 1965 verlassen haben, ist von Museumsgründer Hermann Schilli für zu modern befunden worden, weshalb er für die Besucher verschlossen geblieben ist. Jahrelang hat er den Museumsmitarbeitern als Aufenthaltsraum gedient.

Im Veranstaltungsprogramm des Museums gibt es ab dem Jahr 2000 täglich Handwerksvorführungen und einmal im Jahr einen Workshop zu alter Zimmermannskunst, in dem junge Zimmermänner in alten Techniken geschult werden.

Pünktlich zum neuen Jahrtausend wird auch ein neuer Museumsführer aufgelegt, in dem die obligatorischen Baubeschreibungen zum ersten Mal um Angaben zu früheren Bewohnern der Häuser ergänzt werden. Einen anderen Zugang in die Vergangenheit findet die diesjährige Sonderausstellung, in der vorindustrielle Schlüssel und Schlösser gezeigt werden.

Museumsmitarbeiter Hans Deusch demonstriert das Schärfen einer Sense am Dengelstock.

Töpfer Jörg Treiber.
Oben: Stüble im Vogtsbauernhof.
Oben rechts: Zimmermann-Workshop mit Meister Heinz Bächle.
Unten rechts: Korbflechter Herbert Moser.

2001

Online! Zur Saison 2001 präsentiert sich das Schwarzwälder Freilichtmuseum Vogtsbauernhof mit einer eigenen Homepage.

Seiner altbewährten Handwerkskunst verpflichtet, beginnt man mit dem Abbau des Tagelöhnerhauses in Oberprechtal und kann noch im selben Jahr das Richtfest in Gutach feiern. Das vergleichsweise kleine Bauernhaus dokumentiert gegenüber den bestehenden großen Hofanlagen zum ersten Mal die Geschichte der ärmeren Bauern, die ihren Lebensunterhalt nicht mit einer eigenen Landwirtschaft bestreiten konnten.

Was es bedeutet haben muss, in früheren Zeiten gelebt zu haben, versucht die Berliner Familie Boro am eigenen Leib zu erfahren. Die für die ARD-Serie »Schwarzwaldhaus 1902« ausgewählte Familie bereitet sich im Schwarzwälder Freilichtmuseum unter möglichst echten Lebensbedingungen auf die anstehenden Dreharbeiten vor.

Dann gibt es 2001 noch einen Wink in die Vergangenheit und einen in die Zukunft: Wilfried Schilli, Sohn des Museumsgründers Hermann Schilli, schenkt dem Museum eine umfangreiche Dia- und Fotosammlung seines Vaters. Und ein vom Museum ausgeschriebener Architektenwettbewerb sucht die Lösung für einen modernen Eingangsbereich mit einem neuen Besucherzentrum.

Wiederaufbau des Tagelöhnerhauses in Gutach. – Linke Seite: Abbau des Tagelöhnerhauses in Oberprechtal.

2002

Die Eröffnung des Tagelöhnerhauses »Wirtstonis« aus Oberprechtal wird gefeiert. Aufgrund des Umstandes, dass das Gebäude am ursprünglichen Standort noch nahezu so erhalten war, wie es die letzten Bewohner verlassen hatten, konnte das Haus fast bis auf den Fettfleck an der Wand genau transloziert werden.

Zur feierlichen Stimmung passt es glänzend, dass im Juli ein großer Trachtenumzug mit mehr als 1000 Trachtenträgern ausgerichtet wird und dass zur Eröffnung der diesjährigen Sonderausstellung Willi Stächele, der baden-württembergische Minister für Ernährung und Ländlichen Raum, erscheint. Unter dem Titel »Die futterdankbare, fruchtbare, langlebige Kuh« wird eine Dokumentation zur Milch- und Viehwirtschaft im Schwarzwald gezeigt.

Im Personalbereich ergeben sich 2002 an den obersten Stellen in rascher Folge wesentliche Veränderungen. Dieter Kauß, der beinahe 20 Jahre als Wissenschaftlicher Leiter des Museums wie auch als Kreisarchivar gewirkt hat, tritt Ende 2002 in den Ruhestand. Zum Abschied veröffentlicht er unter dem Titel »Schwarzwälder Kulturgeschichte« eine Zusammenfassung seiner Forschungsergebnisse zur Geschichte der Bauernhöfe im Schwarzwälder Freilichtmuseum. Zum Nachfolger von Kauß wird der Kulturwissenschaftler Jürgen Weisser berufen, der zuletzt am Braith-Mali-Museum in Biberach an der Riß tätig war.

Eine noch längere Dienstzeit als Kauß hat Museumsverwalter Berthold Breithaupt aufzuweisen, der schon an der Seite von Schilli stand und bis 2002 sage und schreibe 34 Jahre lang für das Museum tätig ist. Auch im Ruhestand bleibt Berthold Breithaupt dem Museumsteam als Ratgeber und den Besuchern als Referent erhalten. Als sein Nachfolger übernimmt 2002 Horst Biegert die Funktion des Technischen Leiters.

Stabwechsel von Dieter Kauß zu Jürgen Weisser.

Linke Seite: Ehemalige Bewohner besuchen ihr Elternhaus, das Tagelöhnerhaus.

2003

Im Jahr 2003 orientieren sich Ingrid Noe und Inge Jockers privat wie beruflich neu und verlassen Gutach. Als neue Marketingreferentin kommt Nadine Enke, die zuletzt als Junior-Project-Managerin tätig war, als neuer Museumspädagoge kommt der Kulturwissenschaftler Thomas Hafen vom Stadt- und Bädermuseum in Bad Salzuflen. Innerhalb eines Jahres ist damit die Führungsebene des Schwarzwälder Freilichtmuseums Vogtsbauernhof komplett neu aufgestellt.

Die neue Museumsleitung konzentriert sich zunächst auf die Erweiterung des Veranstaltungsprogramms. Zum ersten Mal findet das große Oldtimer-Traktoren-Treffen statt und zum ersten Mal schlüpfen zum Saisonfinale die museumspädagogischen Honorarkräfte theatralisch in die Rollen der Museumstiere.

Hinter den Kulissen beginnen die Planungen für einen Bahnhalt direkt vor dem Museumseingang. Eine Realisierung muss allerdings vor ersten konkreten Maßnahmen auf Eis gelegt werden.

Als kulturgeschichtlichen Einstand bringt Jürgen Weisser eine von ihm für das Museum in Biberach konzipierte Sonderausstellung mit. Ihr Titel: »Aus die Maus. Mäuse, Menschen, Mausefallen«.

Linke Seite links:
Erster Sensenmähverein Baden-Württemberg.
Rechts: Oldtimer-Traktoren-Treffen.

Rechts: Jürgen Weisser, Thomas Hafen, Nadine Enke, Horst Biegert (v. l.).
Mitte: Apfelmosten mit Museumshandwerker Herbert Blum.
Unten: Strohnäherinnen aus Furtwangen.

Rechts: Zimmermeister Fritz Kaspar.

Rechts groß: Festrede von Landrat Klaus Brodbeck.

Schäppelmacherin Friedhilde Heinzmann.

Unten: Schindelmacher Hans-Dieter Schondelmaier.

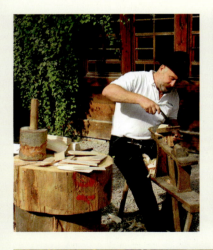

Schuhmacher Erwin Schneider.

Links: Spinnerin Sophie Schwab.

Strohschuhmacherin Martha Leitl.

2004

Im Jahr 2004 feiert das Schwarzwälder Freilichtmuseum das Jubiläum zum 40. Jahr seines Bestehens. In einer »Kulturwoche« werden aus diesem Anlass an sieben aufeinanderfolgenden Abenden renommierte Künstler und Ensembles der Region präsentiert.

Für die diesjährige Sonderausstellung setzen sich Jürgen Weisser und Thomas Hafen zusammen und präsentieren: »Du Sack! Dem Hippensepp sein wunderlich-kurioses Sackkabinett«.

Im Hotzenwaldhaus wird die Museumswerkstatt für Familien und Kinder eingerichtet, die, geführt und ausgestaltet von Ewald und Sonja Lehmann, zum Magneten für Schulklassen wie Einzelpersonen wird und schon bald nicht mehr wegzudenken ist. In einer neuen Broschüre für Lehrer und außerschulische Lehrkräfte werden unter dem Titel »Lernerlebnisse« neue und neu überarbeitete Programme vorgestellt, die nach Klassenstufen differenziert und eng an die geltenden Lehrpläne angebunden sind. Für körperlich behinderte Besucher werden Rollstühle zum Ausleihen angeschafft und spezifische Führungen entwickelt, die das Gelände auch mit den gegebenen Barrieren zu einem gewinnbringenden Erlebnis machen.

Mit der »Heuboden-Akademie« wird eine zunächst unregelmäßige Vortragsreihe begründet, die einzelne Thementage um wissenswerte Informationen bereichert und sich aufgrund bester Resonanz bald auf die Suche nach einem größeren Kreis von Referenten machen muss.

In der Stube des Vogtsbauernhofs findet zum ersten Mal eine amtliche Trauung statt. Diese Möglichkeit mit dem Standesbeamten Fritz Ruf aus Gutach ist schnell mehr als ein Geheimtipp.

Von der Landesregierung Baden-Württemberg kommt im Jahr 2004 schließlich die langersehnte Zusage von Zuschüssen für den Bau eines neuen Empfangsgebäudes. Aus den vorliegenden Entwürfen wird eine Konstruktion aus Holz, Glas und begrüntem Flachdach gewählt. Den Auftrag für den Bau erhält die Werkgruppe Lahr unter dem leitenden Architekten Carl Langenbach.

Von oben: Zimmermeister Hermann Vogt.

Besenbinder Hans Heinzmann.

Weberinnen Gabriela Martin und Jo-Anne Steinle.

Links: Traditionelle Schafschur.

Oben: Zimmermann-Workshop.

Rechts: Die Holzfäller-gruppe Hausach.

Unten links: Schnefler Meinrad Volk.

Unten rechts: Bäckerin Elfriede Moser.

Von oben: Korbmacher Hubert Rauber.

Bollenhutmacherin Hedwig Kaltenbach.

Hochzeitsbild im Lorenzenhof.

Rechts: Wilhelm Klausmann beim Holzziehen.

Unten links: Schnapsbrennerin Rita Vitt.

Unten rechts: Spinnerin Luise Heizmann.

Links: Empfang und Büros in Containern.
Rechts: Das neue Eingangsgebäude im Bau.
Unten: Die Formation »Insalate Musicale«
in der Lichtstube.

2005

Im Rückblick bleibt von 2005 vor allem eine große Baustelle in Erinnerung. Nachdem im Winter schon das alte Pförtnerhaus samt Nebengebäude komplett abgetragen worden ist, entsteht im Eingangsbereich mit Eigenmitteln des Ortenaukreises und Fördergeldern des Landes in siebenmonatiger Bauzeit für 1,8 Millionen Euro das neue Eingangsgebäude. Bereits im Herbst kann das Richtfest gefeiert werden. In der Zwischenzeit sind Museumskasse, Büro- und Sozialräume in provisorischen Containern gegenüber dem Hotzenwaldhaus untergebracht.

Für Nadine Enke kommt als neue Marketingreferentin Margit Langer vom Historischen Museum der Pfalz in Speyer.

Zusammen mit anderen außerschulischen Bildungseinrichtungen des Ortenaukreises – dem Amt für Waldwirtschaft mit Waldschulheim Höllhof, dem Amt für Landwirtschaft mit Ernährungszentrum Südlicher Oberrhein, dem Naturschutzzentrum Ruhestein und dem Amt für Schule und Bildung in Offenburg – zählt das Schwarzwälder Freilichtmuseum Vogtsbauernhof zu den Institutionen, die im Juni 2005 die »Naturschule Ortenau« begründen.

Das Veranstaltungsprogramm des Museums weist ab 2005 an jedem Tag der Saison mindestens eine handwerkliche Vorführung aus. Beim Herbst- und Schlachtfest wird die Lichtstube bereits in ihrem zweiten Jahr zu einer festen Einrichtung für musikalische und literarische Darbietungen.

Bei den Dreharbeiten für die Sendung »Nur die Liebe zählt« gibt sich Showmaster Kai Pflaume die Ehre und moderiert für einen bundesweit gesendeten Beitrag vom Vogtsbauernhof aus.

Margit Langer und Fernsehmoderator Kai Pflaume.

2006

Mit der feierlichen Eröffnung des neuen Eingangsgebäudes geht das Schwarzwälder Freilichtmuseum in die Saison 2006. Mit dem Restaurant »Hofengel« und einem museumspädagogischen Aktionsraum sowie einem Museumsladen verfügt der Vogtsbauernhof nun über die zeitgemäße Infrastruktur einer modernen Einrichtung. Mit Sozialräumen, Verwaltungsbüros, Bibliothek und Prospektlager befinden sich auch weitere wichtige Räumlichkeiten unter dem Dach des Multifunktionsgebäudes aus Weißtanne.

In den Sommerferien finden erstmals an allen Tagen Werkstationen und Mitmachaktionen statt. Außerdem wird in der Rauchküche des Falkenhofs erstmals regelmäßig gekocht, und der Sonntagmorgen wird zum festen Platz für Sonderführungen und Vorträge der Heuboden-Akademie mit vielen Themen, die hier zum ersten Mal angesprochen und behandelt werden. Für gehörlose Besucher gibt es erstmals Führungen in Gebärdensprache.

Auf der Internetseite des Museums, die ab diesem Jahr in sechs Sprachen abgerufen werden kann, wurde ein eigener interaktiver Bereich für Kinder eingerichtet. Präsentiert werden die neuen Seiten vom Hirtenjungen »Menne«, der in diesem Jahr das Licht der Welt erblickt. Das nach dem Museumsgründer benannte Maskottchen übernimmt in gezeichneter Form ab nun auch die Aufgabe, im Museumsgelände auf besonders für Kinder geeignete Bereiche aufmerksam zu machen.

Im Winter 2006/2007 bleibt das Schwarzwälder Freilichtmuseum Vogtsbauernhof zum ersten Mal in seiner Geschichte für die Besucher geöffnet. Neben einem museumspädagogischen Programm und der Sonderausstellung »Wenn es Winter war« werden die Besucher von einer großen Eislaufbahn erwartet. Der zum ersten Mal veranstaltete Weihnachtsmarkt bringt einen vollkommen unerwarteten Erfolg. Am ersten Sonntag des Weihnachtsmarktes verzeichnet das Museum den neuen Tagesrekord von über 8000 Besuchern. Nach Auswertung aller Ergebnisse und Erfahrungen steht aber die Erkenntnis, dass eine jährliche Winteröffnung personell nicht zu stemmen ist und auch vom Gelände nicht verkraftet werden kann. Beim Entschluss, im Winter nicht wieder zu öffnen, wird der Weihnachtsmarkt ausgenommen. Mitarbeiter wie Besucher sind sich einig, dass er nicht mehr fehlen darf.

Oben: Das neue Eingangsgebäude.
Unten: Museumsmaskottchen Menne.

Rechte Seite von oben: Seminarraum und museumspädagogische Küche; Museumsrestaurant »Hofengel«; Abendbeleuchtung für den Weihnachtsmarkt.

2007

Margit Langer und Thomas Hafen leiten das Museum.

Nach einem aufregenden Vorjahr mit neuem Eingangsgebäude und umfangreichem Winterprogramm geht die Saison 2007 erwartungsgemäß ruhig über die Bühne. Die Neuerung des Jahres findet in der Museumsleitung statt. Als Nachfolgeregelung für Jürgen Weisser, der das Museum nach nur fünf Jahren wieder verlässt, ändert der Ortenaukreis die Personalstruktur und setzt eine Doppelspitze ein. Marketingreferentin Margit Langer übernimmt die Geschäftsführung, Museumspädagoge Thomas Hafen die wissenschaftliche Leitung. Als neue Stelle wird ein wissenschaftliches Volontariat geschaffen, das künftig alle zwei Jahre neu besetzt wird. Erster Volontär des Schwarzwälder Freilichtmuseums Vogtsbauernhof ist Torsten Albinus.

Anlässlich der diesjährigen Sonderausstellung, bei deren Eröffnung zu Klängen des Gutacher Akkordeonorchesters ein großes Publikum begrüßt werden kann, erscheint ein Begleitkatalog: »Schwarzwaldmädel – Ansichten einer Bilderbuchschönheit«. Im Rahmenprogramm der Ausstellung ist neben einem Freiluftkino auch erstmals ein Operettenabend zu erleben.

Im Bereich der Gruppenführungen weist die Museumsstatistik mit 1411 gebuchten Führungen und Programmen am Ende der Saison bislang noch nie erreichte Zahlen aus.

Bei den Museumsführungen gibt es Rekordzahlen.

2008

Das Museum geht die konzeptionelle Erweiterung nach innen an. Durch Ausstellungen in bislang leeren oder nur als Staufläche genutzten Räumen soll das museale Angebot um zusätzliche Informationen und Inszenierungen bereichert werden. Als erstes Ergebnis in dieser Richtung wird zu Beginn der Saison im Hotzenwaldhaus der »Dachboden der Kindheit« eröffnet. Im Eingangsgebäude zeigt das Museum »Des Ding Do« – eine Sonderausstellung mit rätselhaften, nicht erklärten Dingen.

Zur Saisoneröffnung erscheint außerdem erstmals ein Museumsführer für Kinder. Höhepunkt im Veranstaltungsprogramm wird das feierliche Wochenende zum 400-jährigen Bestehen des Lorenzenhofs aus Oberwolfach. Das literarische Glanzstück des Jahres kommt vom renommierten Autor Hugo Rendler, dessen Theaterstück »Die Stimme der Balken« vom museumspädagogischen Theaterteam uraufgeführt wird. Zum wahrscheinlich beliebtesten Fotomotiv des Jahres avancieren auf der großen Museumswiese 40 lebensgroß gegossene und kunstvoll bemalte »Werbekühe« vom Gewerbeverein Gengenbach.

Impressionen vom »Dachboden der Kindheit«.

Durch den Abriss des Kohlenmeilers, der seine Zeit um einige Jahre überdauert hat, gewinnt das Museum in der Laube hinter dem Eingangsgebäude einen Treff- und Anfangspunkt für Gruppenführungen. Mit dem Ausbau und der Beschrankung des Parkplatzareals wird die längst überfällige Neugestaltung realisiert.

Als Pendant zum wissenschaftlichen Volontariat wird 2008 ein ebenfalls im zweijährigen Turnus besetztes Volontariat für Marketing- und Öffentlichkeitsarbeit geschaffen. Die erste Volontärin des Schwarzwälder Freilichtmuseums Vogtsbauernhof wird Gabriele Schindler.

Sonderausstellung:
»Wie der Krieg nach Hause kam«.

2009

Mit überarbeiteten Texten und einer Reihe zusätzlicher Thementafeln präsentiert sich das Informationssystem auf dem Museumsgelände zu Beginn der Saison 2009 in einheitlicher und komplett runderneuerter Form. Dazu erscheint auch ein neuer, entsprechend angepasster Museumsführer.

Mit einer Sonderausstellung zum Nationalsozialismus im Schwarzwald beteiligt sich das Schwarzwälder Freilichtmuseum Vogtsbauernhof an einer Aktion der Arbeitsgemeinschaft der »Sieben im Süden«. Die baden-württembergischen Freilichtmuseen haben sich unter dem gemeinsamen Leitthema »Dorf unterm Hakenkreuz« die Aufgabe gestellt, 70 Jahre nach dem Beginn des Zweiten Weltkriegs sieben jeweils eigenständige Ausstellungsbeiträge zu präsentieren. Die aufwendige Inszenierung im Hippenseppenhof stößt mit Hakenkreuzfahnen, Hitler-Büsten und Stacheldrahtbarrieren nicht bei allen Besuchern auf uneingeschränkte Zustimmung, erzielt als berührendes Zeugnis insgesamt jedoch eine mehr als positive Resonanz. In der Reihe der Begleitveranstaltungen findet sich bei der Podiumsdiskussion im September eine große Zuhörerschaft ein. Trotz entsprechender Bitten und anders als die meisten der anderen sechs Freilichtmuseen entscheidet sich die Museumsleitung, die Ausstellung kein zweites Jahr zu zeigen und die zahlreichen Objekte zum vereinbarten Zeitpunkt an die Leihgeber zurückzugeben.

Sonderausstellung »Wie der Krieg nach Hause kam«. Oben: Ausstellungsmacher Torsten Albinus und Thomas Hafen.

2010

Das Museumsjahr 2010 steht ganz im Zeichen der Tiere – als Thema der Sonderausstellung wie auch als Leitmotiv im Veranstaltungsprogramm. Die sieben Freilichtmuseen Baden-Württembergs feiern ihren gemeinsamen Saisonstart in Gutach. Unter dem Titel »Frühling der Tiere« dreht das SWR-Fernsehen bei dieser Veranstaltung eine Folge der Sendung »Treffpunkt«.

Gemäß dem Jahresmotto gibt es in diesem Jahr eine Menge Tierisches auf dem Museumsgelände zu sehen. Zum gewohnt großen Bestand an Bauernhoftieren gesellen sich zusätzliche Ziegen, aber vor allem Monja und Flicka. Die beiden Schwarzwälder Füchse sind die ersten Bewohner des im Falkenhof neu eingerichteten Pferdestalls. Im Kuhstall nebenan ist von 2010 an eine Dauerausstellung zur Milch- und Viehwirtschaft zu sehen.

Ein Meilenstein in der Geschichte des Freilichtmuseums kann ein bisschen abseits von Ställen, Koppeln und Weiden gefeiert werden. Im südlichen Geländeteil wird gegenüber dem Falkenhof der neue Erlebnisspielbereich eröffnet. Das mit großem planerischem Aufwand und mit Beteiligung von Schulklassen gestaltete Areal lädt die jungen Museumsbesucher zur spielerischen und kreativen Beschäftigung mit Elementen der Schwarzwälder Kulturlandschaft ein.

Die hohe Investition in die Aufenthaltsqualität des Museums schlägt sich 2010 auch im Siegel der Initiative »ServiceQualität Deutschland in Baden-Württemberg« nieder. Mit dieser Auszeichnung verpflichtet sich das Museum zur kontinuierlichen Verbesserung seiner Servicequalität.

Zu den prominenten Referenten des Jahres zählt mit Ilse Aigner die Bundesministerin für Landwirtschaft, Ernährung und Verbraucherschutz. Ein Wink in die Zukunft ist schließlich die vom Bundestagsabgeordneten Siegfried Kauder initiierte Sonderfahrt der Schwarzwaldbahn, die mit festlichem Programm und einem außerordentlichen Halt vor dem Freilichtmuseum die Debatte um einen permanenten Bahnhalt an dieser Stelle neu in Schwung bringt.

Auszeichnung für den Besucherservice: (v. l.) Conny Ranosch, Sonja Jacob, Rosmarie Hummel, Marion Riehle.

Sonderausstellung »Großmutter, warum hast du so große Ohren?«.

Das Handwerkerteam des Museums: (v. l.) Herbert Hacker, Hans Deusch, Ilona Max, Franz Walter, Martin Obert, Karl-Heinz Waidele.

Die Schwarzwälder Füchse sind eingezogen.

Links: Erste Landesbeamtin Elke Höpfner-Toussaint eröffnet den Spielbereich.

93

2011

»Typisch Schwarzwald«: Mit dem Jahresmotto 2011 widmet sich das Freilichtmuseum ganz konzentriert den Dingen, die den Schwarzwald so einzigartig machen. Das zu Saisonbeginn eröffnete »Schwarzwaldkabinett« im Hippenseppenhof bietet unter dieser Maxime einen Schnellkurs für Einsteiger. Die als dauerhafte Einrichtung konzipierte Ausstellung präsentiert Grundsätzliches und Wissenswertes zu Bollenhut und Kuckucksuhr oder Kirschtorte und Schwarzwaldbahn.

Im Vogtsbauernhof kann zu Beginn des Jahres ein Raum originalgetreu wiedereingerichtet werden. Dank der Dauerleihgabe einer Nachfahrin kehrt das komplette Mobiliar von Maria Aberle, einer der letzten Bewohnerinnen des Hauses, in das Gebäude zurück. Im Ökonomieteil des Vogtsbauernhofs wird, wie es nach alten Übergabe-

Der Gutacher Ehrenbürger Ansgar Barth, Studiendirektor a. D., hier im Museumseinsatz als Dorfschulmeister, mit Billy Sum-Herrmann, hier in ihrer Rolle als letzte Vogtsbäuerin.

»Der Bauer und der liebe Gott« im Schauinslandhaus.

Kräuterführung mit Christian Breithaupt.

verträgen für das Gebäude auch verbürgt ist, wieder eine Werkstatt eingerichtet. Besenbinder und Brauchtumsexperte Hans Heinzmann, der seit 1998 für das Museum im Einsatz ist, gibt die notwendigen Impulse.

Auf der Bühne des Schauinslandhauses wird während der Saison die Dauerausstellung »Der Bauer und der liebe Gott« eingerichtet und mit einem Thementag zu Trauer und Tod stilgerecht eröffnet.

Hinter der Klopf- und Plotzsäge wird mit Natursteinterrassen, Hecken und Sträuchern eine Anlage hergerichtet, die sich in den Folgejahren per natürlichem Wuchs zu einem Ruheraum unter grünem Gewölbe ausweiten soll. Am Rand des Erlebnisspielbereichs wird der Museumskiosk neu gestaltet und erweitert, ebenso der Außenbereich des Kiosks und der Picknickbereich auf der Falkenhofwiese.

Das bekannteste Gesicht unter den Jahresbesuchern gehört dem Fernsehmoderator Guido Cantz, der mit seinem Aufnahmeteam einen Beitrag für die Samstagabendshow »Verstehen Sie Spaß?« dreht. Das Musiktheaterprojekt »Schwarzwaldmädel reloaded«, das die Bedeutung von Heimat thematisiert, bringt ein großes Ensemble von jugendlichen Schauspielern auf die Bühne und eine noch größere Zahl an Jugendlichen in den Zuschauerraum auf der Falkenhofbühne.

In der Jahresstatistik warten die Ergebnisse im Bereich der pädagogischen Programme mit nochmaligen Steigerungen der schon sehr guten Zahlen des Vorjahres auf.

Bestens etabliert: Die Museumswerkstatt von und mit Ewald Lehmann.

2012

Das Jahr 2012 ist ein besonderes Jahr: Der altehrwürdige Vogtsbauernhof, die Keimzelle und der Namenspatron des Museums, wird 400 Jahre alt. Höhepunkt in einer Reihe von Jubiläumsveranstaltungen ist das dreitägige Festprogramm am Pfingstwochenende mit zahlreichen Musikern, Ensembles und Künstlern der Region. Zum großen Festakt erscheint eine Vielzahl an Gratulanten, unter anderen die amtlichen Vertreter der umliegenden Gemeinden sowie die Mitglieder des Kreistages des Ortenaukreises. Nach der Begrüßung durch Landrat Frank Scherer hält der Volkskunde-Professor Werner Mezger aus Rottweil eine glänzende Festrede, bevor als Hauptredner und Ehrengast der Ministerpräsident des Landes Baden-Württemberg, Winfried Kretschmann, seine Grußbotschaft überbringt.

Außer der Festschrift veröffentlicht das Schwarzwälder Freilichtmuseum Vogtsbauernhof zusammen mit dem Freilandmuseum Wackershofen einen Tagungsband mit Beiträgen des Symposiums »Das Schwarzwaldhaus – Von gestern. Für heute. Für morgen?« Als besondere Ehre zum 400-Jahre-Jubiläum des Vogtsbauernhofs wird eine limitierte Briefmarke herausgegeben, die bereits am Tag ihrer Vorstellung beinahe vollständig vergriffen ist.

Als Neuerung des Jubiläumsjahres zum Informationsgewinn wie zur Servicequalität steht den Einzelbesuchern erstmalig der in drei Sprachen erstellte Audio-Guide zur Verfügung. Außerdem wird für die Dauerausstellung der Gutacher Speicher mit einer Dokumentation ausgestattet und damit zum ersten Mal für die Besucher zugänglich gemacht. Im Veranstaltungskalender wird das bestehende Programm zu den Frühlings- und Sommerferien ab 2011 durch ein Herbstferienprogramm ergänzt.

Bei einem vom »Offenburger Tageblatt« veranstalteten Schreibwettbewerb für Kinder gibt es die Teilnahme an einer Premiere zu gewinnen: Die zehn Gewinner sind die ersten Besucherinnen und Besucher, die auf dem Museumsgelände übernachten dürfen.

Feierstunde zum 400-jährigen Jubiläum des Vogtsbauernhofes mit Landesvater Winfried Kretschmann.

2012

In der Rauchküche bei Museumsmitarbeiterin Waltraud Wolber.

Unten: Die Kultband Speck und Freibier rockt das Festzelt.

Lebendige Landeskunde: Die Heckergruppe aus Offenburg, angeführt von Oliver Felsen, erinnert im historisch genauen Spiel an die Badische Revolution.

In der Sonderausstellung »Schwarzwald Sagenhaft«.

Unten: Team der museumspädagogischen Honorarkräfte.

Rechte Seite von oben: Nadja Seibert (links) und Silke Höllmüller (rechts) mit Autor Hugo Rendler.

Zauberhaftes Intermezzo mit Alfred Metzler.

Vertraute Bilder beim Kinder- und Familienfest: Kindertrachtentanz.

Familie Kopp lädt zur Fahrt auf der Kuhkutsche ein.

2013

»Schwarzwald Sagenhaft«. Das von der Sonderausstellung 2013 vorgegebene Jahresthema legt die Leitlinien im Veranstaltungsprogramm schon fest: Die Besucher erleben einen Märchentag, einen Sagentag, eine lebendige Geschichtsdarstellung, eine Mitternachtsführung, ein Liederfestival, eine Lichtstube und überhaupt viele Geschichten und Musik – und selbstverständlich eine Heuboden-Akademie mit zahlreichen Vorträgen zu Aberglauben, Hexen und Geistern.

Begleitend zur Ausstellung erscheint ein Sammelband, der frühere Ausstellungskataloge des Museums in überarbeiteter Form zusammenfasst und um ein Kapitel zum Thema »Sagen« ergänzt. Literarischer Höhepunkt der Saison wird in Anwesenheit des Autors Hugo Rendler das Mysterienspiel »Die Stimme der Igel«, das mit Unterstützung von Akteuren des Zimmertheaters in Rottweil im Museum uraufgeführt wird.

Im Personalbereich leitet Nadja Seibert, ehemalige Volontärin, in Vertretung der in Mutterschutz befindlichen Geschäftsführerin Margit Langer für mehrere Monate das Marketing des Museums. Die wissenschaftliche Volontärin Silke Höllmüller wird als Museumspädagogin in Teilzeit übernommen.

Für noch eine positive Nachricht sorgt der von allen zuständigen Stellen abgesegnete Beschluss zum lange ersehnten Bahnhalt vor dem Museum. Der Spatenstich für den Bau wird für das Frühjahr 2014 anberaumt, der erste Fahrplan mit der Haltestelle »Gutach Freilichtmuseum« für Dezember 2014.

Das Schwarzwälder Freilichtmuseum Vogtsbauernhof wird erstmals Preisträger im Landeswettbewerb »familien-ferien Baden-Württemberg«. Das Qualitätssiegel bestätigt der Einrichtung ein hohes Maß an Familienfreundlichkeit und verpflichtet sie, die Qualität der Angebote auch künftig aufrechtzuerhalten.

Zum Jahreswechsel übernimmt Landrat Scherer für fünf Jahre den Vorsitz der Arbeitsgemeinschaft der Freilichtmuseen in Baden-Württemberg.

2014

Wie es so ist, wenn man ein stolzes halbes Jahrhundert feiern kann, wartet das Schwarzwälder Freilichtmuseum Vogtsbauernhof in seiner Jubiläumssaison 2014 mit einem besonders breit gefächerten Veranstaltungsprogramm voller Höhepunkte auf. Der spektakulärste ist das große Kreistrachtenfest des Bundes Heimat- und Volksleben e. V. zusammen mit dem Verbandsmusikfest des Blasmusikverbandes Kinzigtal e. V., das vom Freilichtmuseum gemeinsam mit der Trachtenkapelle Gutach ausgerichtet wird. Rund 3500 Trachtenträgerinnen und Trachtenträger aus dem südbadischen Raum und dem Elsass beziehungsweise über 100 Trachtengruppen und Musikkapellen nehmen an der Großveranstaltung mit Festzug durch das Museum teil. Das Festzelt auf der Mattenhofwiese ist nahezu drei Tage lang bis auf die letzten Plätze gefüllt.

Die Palette der Veranstaltungen – vom volkstümlichen Fest bis zum wissenschaftlichen Symposium und vom Mundartabend über den Fachvortrag bis zum Märchentag – macht wieder und nicht zum letzten Mal deutlich, was das Museum sein will: ein Ort für alle. Für alle Generationen und für die unterschiedlichsten Interessen, mit einer Liste von Akteuren, die vom Pony bis zum Professor reicht.

Fernab vom Festgeschehen ist 2014 ein bedeutendes Jahr für die inhaltliche wie für die infrastrukturelle Weiterentwicklung des Vogtsbauernhofs. Die Museumsleitung kann eine Konzeption zur Erweiterung des Museumsbestands in den nächsten zwei Jahrzehnten abschließen, wofür unter anderem die Erweiterung des Museumsgeländes nach Norden inklusive der Versetzung von drei Hofanlagen aus dem Nordschwarzwald vorgesehen ist. Im Landratsamt in Offenburg stellen Margit Langer und Thomas Hafen das Langzeitkonzept dem Kreistag vor, der den Plänen des Museums ohne Gegenstimmen vollumfänglich zustimmt.

Eine weitere zukunftsweisende Weiche kann im März 2014 mit dem Spatenstich zum Bau des Bahnhaltepunktes gestellt werden. Jahrzehntelang haben der Ortenaukreis, angeführt von Landrat Frank Scherer, und auch die Gemeinde Gutach, mit Bürgermeister Siegfried Eckert an

der Spitze, um diesen Bahnhalt gerungen, aber erst nach dem Besuch des baden-württembergischen Ministerpräsidenten Winfried Kretschmann hat das Genehmigungsverfahren 2012 Fahrt aufgenommen. Im Dezember 2014 kann Verkehrsminister Winfried Hermann den Bahnhalt, der eine besucher- und umweltfreundliche Alternative zur Anreise mit dem Auto darstellt, feierlich eröffnen.

Und noch mehr Grund zum Feiern gibt es 2014: Der Verein der Freunde und Förderer des Schwarzwälder Freilichtmuseums Vogtsbauernhof wird gegründet. Zum Ersten Vorsitzenden wird Gerd Baumer gewählt, der als langjähriger Kreisrat zu den treibenden Kräften zählt, die diesen für das Museum wichtigen Verein auf den Weg bringen.

Linke Seite von oben:
Spatenstich für den Bahnhalt am Freilichtmuseum Vogtsbauernhof.

Kurz vorm ersten Halt eines Zuges am langersehnten Bahnhalt Vogtsbauernhof.

Feierliche Eröffnung des Bahnhaltepunktes »Gutach Freilichtmuseum« mit Verkehrsminister Winfried Hermann.

Von oben: Kreistrachtenfest des Bundes Heimat- und Volksleben e. V. und Verbandsmusikfest des Blasmusikverbandes Kinzigtal e. V.

Jubiläums-Festrede von Prof. Dr. Werner Mezger.

Gründung des Fördervereins Freunde und Förderer des Schwarzwälder Freilichtmuseums Vogtsbauernhof.

Team des Schwarzwälder Freilichtmuseums Vogtsbauernhof im Jubiläumsjahr 2014.

Oben: Fester Bestandteil des Museumsgeschehens sind die Landfrauen aus den umgebenden Ortschaften, vorneweg natürlich, hier im Bild, die Landfrauen aus Gutach.

Links: Waldausstellung im Lorenzenhof.

Unten: Letztes Halali der Jagdhornbläser aus Gutach.

2015

Nachdem im Jahr zuvor der Nationalpark Schwarzwald gegründet worden ist, widmet sich das Schwarzwälder Freilichtmuseum Vogtsbauernhof als seelenverwandte Institution thematisch ebenfalls dem Wald. Mit einer grundlegenden Neukonzeption wird die als »Waldmuseum« bezeichnete Dauerausstellung im Lorenzenhof neu gestaltet und um neue Räume ergänzt. Im ehemaligen Stallbereich werden im Zug der Umbaumaßnahmen eine museumspädagogische Werkstatt sowie ein Waldlabyrinth für die jüngeren Museumsbesucher eingerichtet. Am anderen Ende des Museumsgeländes öffnet im Falkenhof die »Menne-Tenne« – eine Scheune voller von Museumszimmermann Martin Obert komplett aus Holz gebauter Spielgeräte.

Waldlabyrinth im Lorenzenhof.

Unten: Projektstart der Versetzung des Schlössles von Effringen.

Den Reigen der diesjährigen Gäste, Fachreferentinnen und Fachreferenten eröffnet, charmant und ideal zum Jahresthema passend, die Waldkönigin von Baden-Württemberg. Unter den illustren Gästen, die ihr folgen, sind der Markgraf Max von Baden – natürlich mit rot-gelber Pferdekutsche – und die diesjährige Teilnehmerschar der »Tour der Hoffnung« – natürlich auf Fahrrädern. Aus der Vortragsreihe in der Heuboden-Akademie ragt der Auftritt des Biologen Hansjörg Küster heraus, der mit seiner »Geschichte des Waldes« ein Standardwerk der Waldforschung geschrieben hat.

Beim traditionellen Saisonabschluss spielen zum Klang der Glocke auf dem Hippenseppenhof die Jagdhornbläser aus Gutach ihr letztes Halali. Wie angekündigt treten sie verdientermaßen – und buchstäblich – in den Ruhestand.

2016

Im Bereich der Dauerausstellungen wird 2016 nach insgesamt zwei Jahren die Umgestaltung des Waldmuseums im Lorenzenhof abgeschlossen. Die Sonderausstellung des Jahres widmet sich der vielbesungenen und romantisch verklärten Mühle im Schwarzwälder Tal. Neben ihrer historischen Entwicklung und gegenwärtigen Situation geht es dabei vor allem um die Frage, wie die große Mühlentradition des Schwarzwalds für die Energiegewinnung in Zukunft, vielleicht ja auch in Form von Windmühlen, weitergeschrieben werden kann.

Als Leitthema für die Saison 2016 öffnet das Museum die »Schatzkiste Schwarzwald«. Die Vorträge in der Heuboden-Akademie befassen sich dabei mit den Materialien und Werkstoffen, die für die Entwicklung der Schwarzwälder Kulturlandschaft von Bedeutung waren und sind: von Holz, Kohle, Silber und Eisen über Weiden, Leinen und Obst bis zu Steinen, Lehm und Stroh.

Für einen musikalischen Höhepunkt sorgt das Schwarzwald-Musikfestival, das mit Künstlern von internationalem Rang zum ersten Mal im Freilichtmuseum gastiert. Und für einen bewegenden Moment sorgen die ersten Teile des Effringer Schlössles, die pünktlich zum Spatenstich auf dem neuen Nordgelände ankommen.

Zum stimmungsvollen Saisonausklang im ersten Novembernebel spielen zum ersten Mal die Hombacher Dorfmusikanten aus Unterharmersbach.

Ankunft des Schlössles von Effringen im Freilichtmuseum Vogtsbauernhof.

Unten: Schwarzwald-Musikfestival: Konzert mit Mathias Duplessy und den »3 violins of the world«.

Linke Seite: Erster Saisonausklang mit den Hombacher Dorfmusikanten aus Unterharmersbach.

2017

In der Saison 2017 kommt das Schwarzwälder Freilichtmuseum Vogtsbauernhof gleich auf mehreren Stationen in der unmittelbaren Gegenwart an. Pünktlich zum Saisonstart kann die Umgestaltung der Bahnunterführung mit Werken des Offenburger Künstlers Stefan Strumbel fertiggestellt werden. Die modernen, teilweise provokanten Bilder zeigen einen ganz zeitgenössischen Umgang mit Heimat und bieten den ankommenden Gästen einen spannenden Kontrast zum traditionellen Schwarzwaldbild, das sie wenige Meter weiter auf dem Museumsgelände erwartet.

Eine ebenso ungewohnte wie neuartige Perspektive bietet sich auf dem neuen, noch nicht umzäunten Museumsareal Richtung Norden. Im Stil einer provisorischen Flüchtlingssiedlung baut das Museum neun Container auf, in denen historische Aus- und Einwanderungsbewegungen im Schwarzwald das Thema sind. Ausgehend von der aktuellen Flüchtlingssituation richtet sich der Fokus auf die Vielzahl an fremdländischen Einflüssen auf die Kulturlandschaft des Schwarzwalds. Mit dem Titel: »Keine Heimat mehr? Geschichten von Flucht und Heimkehr« ist die Ausstellung offizieller Teil eines landesweiten Gemeinschaftsprojekts der sieben Freilichtmuseen in Baden-

Links: Bilder aus der Container-Ausstellung: »Keine Heimat mehr?«

Rechte Seite oben: Wohnzimmer im Hermann-Schilli-Haus – als ob seit 1980 kein Tag vergangen wäre.

Württemberg. Das von der Baden-Württemberg-Stiftung großzügig geförderte Gesamtprojekt läuft unter der Überschrift »Anders. Anders? Ausgrenzung und Integration auf dem Land«.

In der unmittelbaren Erfahrungswelt heutiger Besuchergenerationen landet das Museum auch mit dem neu gestalteten Hermann-Schilli-Haus. Nach umfangreichen Erneuerungs- und Umbaumaßnahmen wird das 1980 errichtete Gebäude als Ausstellungs- und Seminargebäude sowie mit einer Dauerausstellung zur Wohnkultur der 80er-Jahre feierlich der Öffentlichkeit übergeben. Mit der gestalterischen Anbindung an das bestehende Gelände kann mit diesem Projekt ein modernes Schwarzwaldhaus in den historischen Hausbestand aufgenommen werden. Das lange Jahre verfolgte Prinzip der Erweiterung nach innen hat somit zu einem so sichtbaren wie sinnfälligen Abschluss geführt.

Mittlerweile ist auch das neue Gelände fast schon bezugsfertig. Im Juli schließt die Firma JaKo Baudenkmalpflege die Translozierung des Effringer Schlössles termingerecht ab. Per feierlicher Schlüsselübergabe wird das Gebäude in das Museum übernommen. Zu dieser Zeit sind die neue Umgehungsstraße sowie der Geräteschuppen im Bau und die gestalterischen Arbeiten an den Außenanlagen, mit Teich und neuem Rundweg, bereits fortgeschritten.

»Die Zeit«, so hat das Jahresmotto es dem Museumspublikum versprochen, »ist auf Ihrer Seite.«

Gestaltung der Bahnunterführung durch Stefan Strumbel.

2018

»So viel Schwarzwald wie noch nie« steht als Maxime über der Saison 2018. Und die Besucher dürfen das ganz beim Wort nehmen. Bei einer mehrtägigen Eröffnungsfeier beginnt mit dem Schlössle von Effringen eine neue Ära des Schwarzwälder Freilichtmuseums Vogtsbauernhof. Mit dem ehemaligen Herrensitz kommt zum ersten Mal ein Haus aus dem Nordschwarzwald nach Gutach. Das urkundlich erstmals im Jahr 1379 erwähnte Gebäude ist das erste massiv gemauerte Baudenkmal im Häuserbestand des Museums. Es ist zudem das älteste Gebäude in einem baden-württembergischen Freilichtmuseum sowie bundesweit eines der ältesten in einem Freilichtmuseum gezeigten Häuser. Einstmals als Wehranlage gebaut und zuletzt als umgebautes Bauernhaus bis ins Jahr 1972 bewohnt, öffnet das Effringer Schlössle dem Museumsbesucher nicht nur die Türen in den Nordschwarzwald, sondern auch die in das Lebensgefühl der späten 1960er- und frühen 1970er-Jahre. Die Einrichtung, und da insbesondere das Jugendzimmer unterm Dach, erinnert nicht zuletzt mit Postern von Gerd Müller und Led Zeppelin viele Besucher der heutigen Generation an ihre eigene Jugendzeit.

Die Referenten in der Heuboden-Akademie loten die neu erschlossenen Themen in ihrer ganzen Breite aus. Sie gelangen mit einer historischen Kostümführung fast bis in die Ritterzeit zurück und reichen mit Vorträgen von vergessenen Burgruinen über die Grundzüge der Archäologie bis zum Lebensgefühl der 1970er-Jahre.

Auch außerhalb der Museumsgrenzen kann das Museum Vogtsbauernhof 2018 einen nicht übersehbaren Beitrag leisten. Mit einer großen Holzkonstruktion, die in Aufbau und Funktion an das legendäre Stonehenge in England erinnert, ist es bei der Landesgartenschau in Lahr vertreten.

Von oben: Eröffnung des Schlössles von Effringen durch Staatssekretärin Petra Olschowski und Landrat Frank Scherer im Rahmen eines Festakts. Festwochenende mit Szenenspiel zur Eröffnung des Schlössles. »Woodhenge« des Freilichtmuseums Vogtsbauernhof auf der Landesgartenschau in Lahr.

Erstes Gebäude aus dem Nordschwarzwald: das Schlössle von Effringen.

Jugendzimmer im Schlössle von Effringen.

Alte Küche mit Schießscharte in der Wand im Schlössle von Effringen.

Rechts: Das Schlössle
von Effringen.

Unten: Familie Gauß –
Die letzte Bewohnerfamilie
des Schlössles von Effringen.

Open-Air-Konzert von
The Dorph & Friends

2019

Mal was anderes zum Feiern – eine Schnapszahl: 55 Jahre Schwarzwälder Freilichtmuseum. Kein leichtes Jahr: ein strapaziöser Hitzesommer und dazu Streckensperrungen der Deutschen Bahn und eine mehrwöchige Sperrung der B 33 während der Hauptbesuchszeit. Ja, es gab leichtere Jahre, aber mit mehr als 1600 gebuchten Führungen und Programmen, davon über 700 Lernerlebnissen für Schulklassen, gibt es dennoch Rekorde im Bereich der museumspädagogischen Gruppenführungen zu verzeichnen.

Auf dem Gelände können eine Vielzahl an kleineren Baumaßnahmen abgeschlossen werden, die das Museum vor allem für Familien noch attraktiver machen: ein Wasserspielplatz, ein Gartenhäuschen und nicht zuletzt ein komplett aus Holz gebauter Pavillon, der vom Ortenaukreis für die Landesgartenschau in Lahr errichtet worden ist und nun als Geschenk zur museumspädagogischen Nutzung nach Gutach versetzt wird.

Wenn einzelne Höhepunkte aus dem Veranstaltungsprogramm hervorgehoben werden dürfen, dann sicher der Ortenauer Kreistrachtentag oder auch das Internationale Chorfestival und nicht zuletzt das Open-Air-Konzert von The Dorph and Friends. Rund 1500 Rock- und Popfreunde finden sich dafür auf der Falkenhofwiese ein und feiern ausgelassen bis in die sehr späten Abendstunden.

Von oben: Das Museumsrestaurant »Hofengel« erhält den zweiten »Schmeck-den-Süden«-Löwen.

Wasserspielplatz neben dem Schlössle von Effringen.

Der museumspädagogische Pavillon.

Das Schwarzwälder Freilichtmuseum Vogtsbauernhof erhält zum dritten Mal die Auszeichnung »familienfreundlich« im Landeswettbewerb »familien-ferien«.

Der Ortenauer Kreistrachtentag 2019.

Jahresmotiv zum Thema »Wir Landeier«.

2020

An die vielen Kooperationen, die das Museum im Laufe der Jahre eingegangen ist, reiht sich seit Januar 2020 eine enge Zusammenarbeit mit dem evangelischen Kirchenbezirk unter dem Titel »Kirche im Museum«. Seit dieser Vereinbarung bereichert Pfarrer Hans-Michael Uhl das museale Programm um religiös akzentuierte Thementage und Sonderführungen. Besonderen Anklang finden die regelmäßig am letzten Sonntag eines Monats stattfindenden Abendandachten. Pfarrer Uhl hat einen schönen Namen dafür: »Die stille Zeit«.

Noch im März 2020 ist das Museumsteam bester Dinge. Die lang ersehnten Esel sind da, der Weidezaun ist gezogen, der Stall gebaut und ein historischer Schäferwagen aus Wildberg fügt sich perfekt ins Bild. Der Saisonstart steht vor der Tür – und muss auf unbestimmte Zeit verschoben werden. Das Jahresprogramm mit wieder über 1000 Veranstaltungspunkten ist beworben und geplant – und fällt ins Wasser. Es gibt ein Wort für den ganzen Schlamassel: Corona.

Mit sechs Wochen Verspätung können die Museumstore und auch die Museumshäuser dann zwar geöffnet werden, aber die geltenden Hygienevorschriften haben sowohl das Museumsgeschehen als auch die Aufgaben für die Museumsmitarbeiter grundlegend verändert. Mit dem neuen Vokabular, das auf einmal überall in den Medien gesprochen wird, sind es mit einem Mal auch ganz andere Begriffe, die den Museumsbesuch prägen: Testnachweis, Maskenpflicht, Mindestabstand, Desinfektionsstation, Einbahnregelung.

Trotz einer Flut an immer neuen Verordnungen bei allgemeiner Verunsicherung kann doch eine Vielzahl von Veranstaltungen auch für kleinste Teilnehmerkreise durchgeführt werden. In großer Geschwindigkeit werden Spezialführungen oder auch Schatzkarten entwickelt, anhand derer Familien auf dem Gelände auf Entdeckungsreise gehen können. Es gelingt dem Museum sogar, Sonderausstellungen zu präsentieren, darunter eine mit dem vielfach preisgekrönten Autor José Oliver, der im Museum erstmalig sein bildnerisches Collagenwerk präsentiert.

Die unverhoffte Einladung zu neuen Wegen nutzt das Museum schließlich auch zur Entwicklung einer neuen Museum-App sowie einem Online-Veranstaltungsprogramm, das in kürzester Zeit unterschiedlichste Formate hinaus in die Welt streamt: Von der virtuellen Pfingstpredigt geht es etwa über einen Museumskrimi (in Schwarz-Weiß) bis zu einem Online-Konzert, das im menschenleeren Gelände stattfindet, aber live an die Fans übertragen wird.

Und wenn es noch eines Sinnbildes bedurft hätte: Statt des traditionellen Saisonabschlusses finden sich einige Museumsmitarbeiter, ohne das abgesprochen zu haben, auf dem leeren Gelände zusammen, um im Dunkeln stumm den letzten Glockentönen vom Dach des Hippenseppenhofes zu lauschen.

Im Personalbereich können zwei Stellen wieder dauerhaft eingerichtet und mit den beiden engagierten Volontären neu besetzt werden: Tamara Schwenk wird Marketingreferentin und Lucas Pilipp Museumspädagoge des Freilichtmuseums Vogtsbauernhof.

Einzug der Esel im Schwarzwälder Freilichtmuseum Vogtsbauernhof.

Über insgesamt zwei Jahre prägen vielfältigste Corona-Maßnahmen das Geschehen auf den Museumsgelände und auf dem Museumsparkplatz sowie auch im Verwaltungsgebäude.

Oben: »Stille Zeit« mit Pfarrer Hans-Michael Uhl.

Links: Die Vogtsbauernhof-App erscheint als neuer digitaler Museumsführer.

Unten: Autor José Oliver (rechts) präsentiert sein »Collagenwerk«.

Lichtinstallation der Ausstellung »Der Bauer und der liebe Gott«.

360-Grad-Rundgang durch das Freilichtmuseum Vogtsbauernhof.

Friedhilde Heinzmann wird nach über 25 Jahren als Schäppelmacherin verabschiedet.

Dreharbeiten mit der Gemeinde Gutach für das SWR-Format »Stadt – Land – Quiz«.

2021

Die Saison 2021 beginnt, wieder pandemiebedingt, acht Wochen später und gerät damit zur kürzesten Saison, die das Schwarzwälder Freilichtmuseum je erlebt hat. Da im zurückliegenden Jahr auch der Weihnachtsmarkt im Dezember ausgefallen ist, sieht das Museum sage und schreibe sieben Monate lang keine Besucher – eine lange Zeit für eine Einrichtung, die von Eintrittsgeldern lebt.

Dass das Museum aber nicht einfach nur davonkommen, sondern die Zeit gut investieren will, ist an einer Reihe von Projekten zu sehen, die zum Saisonbeginn präsentiert werden können. So öffnet der altehrwürdige Vogtsbauernhof in grundlegend überarbeiteter Form. Insgesamt sieben Räume sind nach neuen Erkenntnissen komplett umgestaltet. Auch die Ausstellung »Der Bauer und der liebe Gott«, die im Dachboden des Schauinslandhaus untergebracht ist, erscheint durch den Einbau einer neuen Lichtanlage in einem anderen Licht. In Zusammenarbeit mit der Evangelischen Landeskirche wird eine interaktive Station geschaffen, an der die Besucher über Licht- und Ton-Variationen verschiedene Themen wählen können.

Als Sonderausstellung präsentiert das Museum unter dem Titel »Die Unschuld vom Lande« einen Schaufensterbummel durch ein romantisiertes Landleben, wie es in Heimatromanen, Zeitschriften und Spielzeugen oder auch in der Volksmusik dargestellt wird.

Im digitalen Auftritt des Museums zeigt sich die Corona-Zeit als gut genutzter Beschleuniger für den Ausbau der Museumsaktivitäten in den Sozialen Medien. Über Kanäle wie Facebook oder Instagram bekommen auch Menschen, die nicht vor Ort sind, eine Vielfalt von Möglichkeiten, an Themen und Projekten des Museums teilzuhaben. Über einen Panorama-Rundgang ist es sogar möglich, in 360-Grad-Aufnahmen auf dem Sofa zu Hause durch das Museum zu gehen.

Die über 120 000 Besucher, die das Museum wieder wie früher in echt besuchen, sind in Anbetracht der Widrigkeiten nicht nur eine stolze Zahl, sondern auch ein unmissverständliches Zeichen, wieder auf den Wegen zu sein, die sich richtig anfühlen.

Sonderausstellung »Die Unschuld vom Lande«.

Ganz großes Kino für ein Musemsmaskottchen: Der Film »Menne« feiert seine Premiere im Forum Kino Offenburg.

Rechts: Filmcrew bei den Dreharbeiten des »Menne«-Films.

2022

»Gute Reise!« Der Titel der Sonderausstellung steht auch als Maxime über dem Veranstaltungsprogramm von 2022. Als eine der schönsten Reisestationen bleibt die »Serenade« haften, ein vielbeachtetes Kleinkunstfestival, bei dem sich regionale Künstler zu einem stimmungsvollen Sommerabend auf der Falkenhofwiese zusammenfinden.

Einen erneut überragenden Zuspruch findet die »Offene Werkstatt für Familien«. An beinahe 100 Öffnungstagen werden im Rahmen dieses Formats rund 70 unterschiedliche Mitmach-Aktionen für Familien durchgeführt. An einzelnen Tagen werden dabei bis zu 80 Kinder begrüßt.

Auf einem roten Teppich schreitet das Museumsteam zur feierlichen Premiere in einem bisher völlig unbekannten Gebiet. Im Forum-Kino in Offenburg wird der vom Museum produzierte Mini-Spielfilm »Menne« uraufgeführt. In dem knapp 8-minütigen Realfilm erwacht das gezeichnete Museumsmaskottchen Menne zum ersten Mal zum Leben.

Eine bedeutende Wegmarke in der Geschichte des Museums ist schließlich im September die Grundsteinlegung für einen historischen Rebhof, der aus Durbach nach Gutach versetzt wird. Das aufwendige Translozierungsverfahren ist während der Pandemiezeit ins Stocken geraten, kann dann aber mit Unterstützung des Kreistages auf die Zielgerade gebracht werden. Gegen Ende des Jahres ist das Museum in der Nähe von früher erreichten Besucherzahlen, also wieder da, wo es hingehen sollte.

Passend dazu fügt sich ans Ende der Reisesaison die »Heimkehr«, ein Living-History-Projekt, an dem über 40 Aktive in historischen Rollen und zeitgenössischen Kostümen beteiligt sind.

Von oben: Grundsteinlegung des Ortenauhauses. Restaurierungsarbeiten am Ortenauhaus in einer Halle der Firma JaKo. Vorbereitende Baumaßnahme für die Versetzung des Ortenauhauses.

Unten: Eva Heizmann und Melina Egg.

»Heimkehr« – ein Living-History-Projekt.
Oben: Brun Schweizer, Andrea Kronenwitter,
Gabi Grieshaber und Ines Fritz.

Rechts: Die Vogtsbauernhof-Tanzgruppe.

Drehorgelspielerin Brigitte Mühl

Rechts: Teamfoto bei der Verabschiedung der Dezernentin Jutta Gnädig.

Feier zur Eröffnung des Ortenauhauses.

2023

Im Jahr 2023 verblasst das ganze Geschehen der Saison angesichts der Eröffnung des Ortenauhauses. Das in den Jahren um 1775 errichtete Fachwerkgebäude ist in Durbach abgebaut und in Teile zerlegt, in einer Montagehalle in Oberschwaben restauriert und schließlich in Gutach wieder aufgebaut und eingerichtet worden. Nach einer über zwei Jahre dauernden Projektphase wird es am ersten Julisonntag bei strahlendem Sonnenschein seiner neuen Bestimmung übergeben.

Mit der planmäßigen Eröffnung des neuen Gebäudes schließt das Museum die zweite Ausbauphase seiner Erweiterung nach Norden ab. Als erste Fachwerkkonstruktion im historischen Häuserbestand des Museums und als erstes reines Wohngebäude repräsentiert das Ortenauhaus, wie es sein Name sagt, die Region der Ortenau und damit den Heimatkreis des Freilichtmuseums. Neben der Haus- und Bewohnergeschichte rückt das malerische Anwesen den traditionellen Weinanbau in den Fokus. Die Inneneinrichtung des Gebäudes entstammt zum Großteil den 1960er-Jahren, der Zeit, in der das Gebäude in einer großen Umbauphase sein heutiges Erscheinungsbild erhielt. Zum Ensemble ergänzt wird das Wohnhaus durch ein rekonstruiertes Nebengebäude, das am Originalstandort einst als Scheune und Kelterei gebaut wurde und die Museumsbesucher nun im Stil einer Winzerstube zum Verweilen einlädt.

Noch während der Saison gilt es, die Pläne für 2024 zu schmieden. Das Gelände hat immer noch viel zum Gestalten übrig gelassen und mit großen Schritten naht schon das Jubiläumsjahr 2024. Es geht auf die Sechzig zu.

Szenische Darstellung der Lebensgeschichte der »Schondelmaier-Christie«.

Die Küche im Ortenauhaus.

Ausstellung zur Translozierung im Obergeschoss des Ortenauhauses.

Gesamtensemble: Das Ortenauhaus und die Winzerstube.

Statt eines Nachworts

**Sehr geehrte Leserin,
sehr geehrter Leser,**

an dieser Stelle endet unsere Chronik. Wir werden sie natürlich weiterschreiben. Aber das Jahr 2024 lassen wir an dieser Stelle noch aus. Es bringt wahrscheinlich nur Unglück, etwas voraussagen zu wollen. Niemand weiß, was kommt, und es ist auch schön, sich überraschen zu lassen. Wir sind zuversichtlich, dass es gute Jahre sind, die auf uns zukommen. Wie es dann wirklich war, werden wir Sie natürlich wissen lassen. Spätestens in zehn Jahren, wenn wir dann unseren Siebzigsten feiern. Wenn Sie es vorher wissen wollen, kommen Sie vorbei. Heute. Morgen. Immer wieder. Das Schwarzwälder Freilichtmuseum lebt davon, dass Sie da sind. Wir werden für Sie daran arbeiten, unser Areal weiterhin sinnvoll und nachhaltig zu gestalten. Es bleibt unser Ziel, ein informativer und dennoch anmutiger, unvergleichlicher Ort zu sein. Wir werden – das als Prognose – wieder mit heißen Sommern und unvorhersehbaren Engpässen kämpfen, und wir werden – das als Versprechen – uns weiter verantwortungsbewusst um unsere Häuser, aber verstärkt auch um den Erhalt unserer Bäume und Gärten kümmern. Wir werden nach Wegen suchen. Der Vogtsbauernhof ist deshalb so alt geworden, weil er immer welche gefunden hat. Und damit möchten wir, das Museumsteam von gestern und das von heute, den vielen Menschen, die uns in diesen 60 Jahren besucht haben, von ganzem Herzen Dankeschön sagen. Wir haben beste Erfahrungen mit Ihnen gemacht und wir verdanken Ihnen viele von unseren besonders schönen Erinnerungen. Wir wären ohne Sie nur ein kleiner Teil unserer Geschichte.

Ihr Museumsteam

Teamfoto in der Stube des Ortenauhauses.

Impressum

Sollte dieses Werk Links auf Webseiten Dritter enthalten, so machen wir uns die Inhalte nicht zu eigen und übernehmen für die Inhalte keine Haftung.

In diesem Buch wird aus Gründen der besseren Lesbarkeit das generische Maskulinum verwendet. Weibliche und anderweitige Geschlechteridentitäten werden dabei ausdrücklich mitgemeint, soweit es für die Aussage erforderlich ist.

1. Auflage 2024
© 2024 Silberburg-Verlag GmbH,
Schweickhardtstraße 1, D-72072 Tübingen.
Alle Rechte vorbehalten.
Konzeption, Text: Thomas Hafen.
Koordination, Lektorat: Margit Langer.
Bildredaktion, Lektorat: Tamara Vogt, Lucas Pilipp.
Umschlaggestaltung, Satz und Layout:
Björn Locke CurlDesign, Herrenberg.
Bildnachweis: S. 81 Hochzeitspaar: Carolin Weiss Fotografie; S. 117 unten rechts: TMBW, Silvie Kühne. Alle anderen Bilder: Archiv Schwarzwälder Freilichtmuseum Vogtsbauernhof.

Printed in Turkey by Elma Basim.

ISBN 978-3-8425-2439-2

Ihre Meinung ist wichtig für unsere Verlagsarbeit. Senden Sie uns Ihre Kritik und Anregungen unter meinung@silberburg.de

Besuchen Sie uns im Internet und entdecken Sie die Vielfalt unseres Verlagsprogramms: www.silberburg.de

Weihnachtsmarkt 2023 am Effringer Schlössle.

Spannendes aus dem Schwarzwald

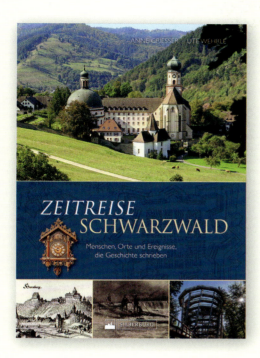

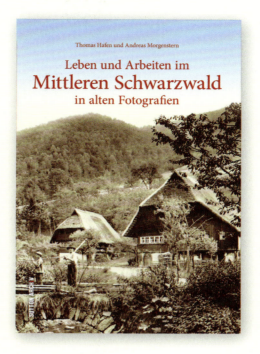

Anne Grießer, Ute Wehrle
Zeitreise Schwarzwald

Menschen, Orte und Ereignisse, die Geschichte schrieben

Anne Grießer und Ute Wehrle präsentieren in diesem reich bebilderten Band schlaglichtartig 50 Höhe- und Wendepunkte aus der wechselvollen Geschichte des Schwarzwalds. Im Mittelpunkt dieser Reise in die Vergangenheit stehen Menschen, Orte und Ereignisse, die für den Schwarzwald eine wichtige Rolle spielten und bis heute Spuren hinterließen. Spannend, kurzweilig und informativ.

128 Seiten.
ISBN 978-3-8425-2373-9

Thomas Hafen, Andreas Morgenstern
Leben und Arbeiten im Mittleren Schwarzwald in alten Fotografien

Die Bewohner des idyllisch gelegenen Kinzigtals, ihre typischen Häuser und Höfe stehen im Mittelpunkt dieses Bildbandes. Unveröffentlichtes Fotomaterial aus drei großen Nachlässen und dem Foto- bzw. Postkartenarchiv Schwarzwälder Freilichtmuseum Vogtsbauernhof dokumentiert das Alltagsleben, die Arbeitswelt der Handwerker sowie die Brauchtumsfeste, die die Menschen an den Ufern der Kinzig feierten.

Sutton Verlag. 128 Seiten.
ISBN 978-3-96303-511-1

 SILBERBURG